扬州讲坛

感悟
中国智慧

文化十讲

单霁翔 等著

人民东方出版传媒
People's Oriental Publishing & Media
东方出版社
The Oriental Press

图书在版编目（CIP）数据

文化十讲：感悟中国智慧 / 单霁翔等著 . —北京：东方出版社，2017.6
（扬州讲坛）
ISBN 978-7-5060-9818-2

Ⅰ.①文… Ⅱ.①单… Ⅲ.①中化文化—通俗读物 Ⅳ.① K203-49

中国版本图书馆 CIP 数据核字（2017）第 144842 号

文化十讲：感悟中国智慧
（ WENHUA SHIJIANG: GANWU ZHONGGUO ZHIHUI ）

作　　者：单霁翔等
责任编辑：贺　方　王　萌
出　　版：东方出版社
发　　行：人民东方出版传媒有限公司
地　　址：北京市东城区东四十条 113 号
邮　　编：100007
印　　刷：三河市金泰源印务有限公司
版　　次：2017 年 9 月第 1 版
印　　次：2017 年 9 月第 1 次印刷
开　　本：710 毫米 ×1000 毫米　1/16
印　　张：11
字　　数：90 千字
书　　号：ISBN 978-7-5060-9818-2
定　　价：36.00 元
发行电话：（010）85924663　85924644　85924641

出版说明

久在喧嚣的都市间生活，每天不由自主地奔驰在生活的快车道上，越来越多的人向往着内心的宁静，渴求心灵再次得到知识的滋养。

当代中国不乏心怀天下、学富五车的名家学者，让他们走近寻常百姓，需要的是多元化的通道。"扬州讲坛"正是这样一座联结大师与普通听众的文化桥梁。

"扬州讲坛"2008年由星云大师开办。秉持着"回馈故乡父老朋友"的朴素愿望，星云大师和"扬州讲坛"工作团队尽心尽力，广邀全国乃至海外各界名家。讲坛开办至今，历经风雨，已发展成为国内顶级的高端文化论坛，星云大师、纪连海、于丹、余秋雨、林清玄、余光中等近百位名家大师先后登坛。不少听众不远千里赶到扬州，现场常常出现一票难求的盛景。"北有百家讲坛，南有扬州讲坛"，正是听众对讲坛最真诚的赞许。

十年间，扬州讲坛沉淀下丰富宝贵的内容，范围涵盖遍及社会、历史、哲学、文学、经济等方方面面。我们将讲座精华按类汇编，结集出版，以飨读者。首推三册《历史十讲：走进王朝深处》《国学十讲：追溯中国人精神之源》《人生十二讲：欢喜心过生活》面世之后，受到了大众的关注和喜爱，本次将再推三册，《教育十讲：给孩子一个幸福的世界》，意在从家庭教育、文明、教养、内心等方面出发，给孩子一个幸福的世界。《艺术十二讲》意在从京剧、诗歌、书法、电影等方面出发，阐释艺术是一种更好的生命状态。《文化十讲》意在从传统文化、古建筑文化、中外文化对比等方面出发，感悟中国智慧。

除六册以外，其他领域的内容也将择机陆续面世。希望无缘到场的读者也可身临其境，一起聆听当代中国有价值的大师之声。

本书策划与出版过程中，得到扬州讲坛和上海大觉文化传播有限公司的大力支持，在此表示诚挚的感谢！

目录

序

为文化的宏伟殿堂添一块砖瓦

　　我是一个年近九十的老人，这一生为弘扬佛法，经历过大时代的洗礼，也行脚过世界许多地方，但心中始终有一份对故土的牵挂与怀念，希望能凭借自己的微薄之力，报答故乡山川土地对我的滋养，回馈故乡父老朋友对我的厚爱。因此，当20世纪末，我有机会回到故乡，就开始朝此方向努力。

　　感谢全世界佛光人认同我的愿心，以及大陆各地许多领导支持我的理念，群策群力，先后建设了鉴真图书馆、佛光祖庭宜兴大觉寺，也成立了星云大师文化教育公益基金会，以及上海大觉文化公司等。其中，2008年在鉴真图书馆设立的"扬州讲坛"，经过七年耕耘，已经结出丰硕的文化果实，成为扬州这座古都一张足以骄傲的文化名片。

　　鉴真图书馆的设立，是为了佛学研究，图书馆里典藏了几十万册佛学及文史哲图书，还有环境优美的研究室，并且免费给学者提供食宿。然而我是一个有人间性格的人，总觉得偌大的图书馆只为少数学者服务，似乎可惜了，于是想到成立"扬州讲坛"，每个月两场，邀请大陆、香港、澳门、台湾地区，甚至海外的名家来演讲。有些学者专家公务繁忙或时间无法配合，为了给大众欢喜，我一一亲自打电话邀请。他们来到扬州后结下善缘好缘，喜欢上扬州，跟我们也成了好友。

"扬州讲坛"至今能坚持讲学不辍，因为我对执行的弟子说：讲题要开放，海纳百川，不限与佛教相关；讲者要多元，各领域专精者都欢迎。

最近听说，"扬州讲坛"的精彩内容要编辑出版了，我非常高兴。借此机会，首先感谢近百位主讲人，其次要感谢扬州市领导，最应该谢谢的是热情听讲的大众。除了扬州市民，很多都是远从其他地方来的，诚意可感。

中华文化博大精深，是我们炎黄子孙珍贵的精神遗产，也是以泱泱大国之姿傲立世界的软实力。这几年政府提倡弘扬传统文化，我觉得方向十分正确，也极具远见。这套书的出版，或许可以为正在建设中的宏伟文化殿堂，添加一块小小的砖瓦。不久的将来，让我们用文化的面容，在 21 世纪受全世界尊重！

值此出版前夕，仅以这篇小文为序。

星云

2015 年 2 月 4 日于佛光山

（本序为星云大师为"扬州讲坛"系列图书《历史十讲：走进王朝深处》《国学十讲：追溯中国人精神之源》《人生十二讲：欢喜心过生活》出版前夕作序。）

田青

　　著名音乐学家、非物质文化遗产保护专家。现为中国
艺术研究院音乐研究所所长、宗教艺术研究中心主任、研
究员、博士生导师。长期致力于中国民族民间音乐和宗教
音乐的研究，积极推动中国非物质文化遗产保护工作，因
力推"原生态"唱法、主张文化多样性、弘扬中国传统文
化而有较大社会影响。

传统文化与当代社会

田青

    全国上下都在谈论中华民族伟大复兴的中国梦。其中中国梦里，一个非常重要的内容，就是复兴中华文化，换句话说，复兴中国传统文化是实现中国梦的必由之路。因为文化是一个国家、一个民族的最重要的精神力量。我们现在讲软实力，我不太喜欢这个词，这个词本身带有很功利的色彩，但这个词是从西方传过来的，现在文化的主流在西方，西方也特别看重这些软实力。其实无论是一个国家、一个民族，或是一个生命个体，我们主要是看他的文化内涵，看他的精神，看他的气质，我们不会因为一个人仅仅有钱，就格外地尊重他。如果一个孩子，他小的时候不好好读书，出去闯荡社会，20年后他开着豪车回来，很有钱，你不会特别尊重他，但如果他告诉你，他写了一本书，你会觉得这个孩子了不起，让你刮目相看。人和人，国与国，民族与民族也如此。

    有人说不必害怕中国，这个国家只会生产产品，他们没有思想。但是，今天的中国早已经不是"东亚病夫"，更不是100多年前那个让人欺凌的国家，它已经成为经济大国、工业大国、商业大国，到2017年中国的GDP（国内生产总值）很有可能成为世界第一，到那个时候，世界其他国家的人民怎么看我们，是看暴发户，还是真正从内心尊敬和仰视一个伟大的、有着无比的精神力量、有着丰厚的历史的国家？

一、3个数字解读中国

今天我们讲中国传统文化，就必须从我们这个民族如何对待传统文化讲起，四五年前，美国的一个高等艺术研究院，请我去给他们介绍中国非物质文化遗产保护的经验，当时这些美国学者对中国发生的很多事情，甚至我们自己也会批判的社会现象表示疑问：中国人为什么这么想？中国人面对这些问题，为什么会这样做？我当时就讲了3个数字。我说，你们要理解当代中国，必须了解这3个数字：5000、100、30，这是理解当代中国的密码。

1. 5000
首先5000，我们常常说中华5000年文明史。我作为一名研究古代音乐史的学者，我更喜欢说是 7000 年，因为 7000 年前，中国已经出现了乐器。那么这 5000 年的文明史，是中国人天生就带来的文化基因，也就是直到今天，能够让我们在提到"中国"两字时，充满感情并自豪的 5000 年。我们说爱国，除了山川大地，长江黄河，我们这个国家，也是李白、杜甫、屈原的故乡。没有这 5000 年的历史，就没有今天的中国，也没有这么多值得骄傲的东西。

2. 100

另一个数字是 100，就是 100 年来我们中国发生过巨大的变化，其中包括文化运动。一个显著的标记是五四运动。1915 年，《新青年》创刊，从《新青年》创刊到今天，中国人民的心路历程，应该说是非常深刻的，充满着各种各样的思想斗争，充满着反思、困惑、痛苦、不甘心。从清朝积贫积弱，列强欺辱中国，我们没有任何还手之力，这 100 年的屈辱，和这 5000 年的骄傲混合在一起，造成了每个中国人心里都有的强烈的民族自豪感和自卑感。每个中国人心里都有残留的自卑，我们非常在乎别人的看法，无论哪个时代，都要把四大发明写进小学的教科书里。为什么？因为我们强烈地渴望被尊重，这是思想底层的自卑和爱国的情绪混合的一种情绪。

五四运动以来，几乎所有的文化名人，都有一个共同的认识，就是积贫积弱的原因是文化落后。要改变这一切，必须全面彻底地抛弃传统文化，全面地引进西方文化。新文化运动，又恭恭敬敬地请来两位先生：一个"德先生"，一个"赛先生"。就是这样的思想，对中国的近代史和当代史影响巨大。他们把传统文化当成靶子，而且要矫枉过正。矫枉过正也是那一代学者的一种本能的做法，他们有意无意地夸大传统文化的罪状。包括鲁迅自己也说过，在中国做事，常常矫枉过正。

新文化运动是有破有立的，而且有两个立一直影响到今天。

第一，新文化运动之后，写文章和说话变成了两回事，写文章还是"之乎者也"，而说话改变了原来的"之乎者也"。现在两个人见面都会问："吃了吗？"没有两个人一见面说："饭否？"

第二，就是提出了简化汉字。近几年，无论我在哪里讲学，最后都会有人问我：简化汉字是不是破坏了传统文化？我每次都不厌其烦地说，99%的简体字都是历代文人写的俗字，只有不到1%的简体字是1949年以后才出现的，你们去看看中国书法家写的书法，尤其是草书、行书，都有很多的简体字。新文化运动之前，最早提出要整理简体字的人是陆费逵，他是中华书局的创办人，他在1905年就写文章强调汉字太复杂了，一定要简化。那么怎么简化呢？他提出用历代的俗体字。后来的一些文化人也提出了同样的主张，包括胡适之，他们都强烈主张这么做。1935年，蒋介石颁布了第一批简化字，但是他没想到得罪了一个人，这个人就是戴季陶，他强烈反对此事，他跟蒋介石说此事不可，于是，简体字的事就先告一段落。1952年，蒋介石到了中国台湾，他又提出来要实行简体字，当时出来一名民意代表叫胡秋原，由于他的强烈反对，简体字又没有推行成功。1952年蒋介石为什么还要推行简化字呢？很简单，他要招兵。招兵招的是什么人？大部分是贫寒子弟，他们并没有文化，如果要教他们文化，就要推行简化字。但是蒋介石毕竟还有一点民族思想，经过文人的反对，这件事就没有做成。那么这件事蒋介石没有做成，后来是毛主席做成了，他开始在中国大陆实行简体字，毛主席为什么要推行简体字呢？因为中国几亿人口要普及教育，简化字是一个必由之路。当然，现在不只是中国大陆，新加坡也在实行简化字。

100年来，从以五四运动为代表的，对中华传统文化的全面批判的这样一条路上走回来，重新认识中华传统文化在中国历史中的作用，看到它正面的力量的，是20世纪60年代，台湾开始重视传统文化。

20世纪90年代我第一次去台湾，我买了一张台北地图，看到台北地图我就感慨，人家做得真好，市中心的几条重要的路，八德路、仁爱路、忠孝路，"仁义礼智信"，这是儒家的基本思想。

可以说这100年，对中国传统文化伤害是巨大的。

3.30

第三个数字，就是我们改革开放的30年，我想再过很多年以后的历史学家，写这30年会费很多笔墨，因为这在中国历史上真的太重要了。仅仅30年，30年前我们不可能想象到中国今天的样子。

昨天我坐高铁从北京到镇江，只用了4个小时，中国高铁的里程数比全世界其他国家的总和还多。我们记得当年邓小平第一次访问日本时，就是坐日本的新干线，他就是在新干线上萌发了改革开放的思想。仅仅几十年，这几十年我们所取得的成就，恐怕连邓小平都没有预料到。

我们在建设上取得的成就已经到了什么程度呢？到了不足以成为激发我们中华民族新的凝聚力的地步。很简单，好事做多了，别人也就无所谓了。我举一个例子，有一次我在大学讲学，前一天的《新闻联播》播了一条新闻，当天中国有三条高速铁路同时开通，我问他们谁注意到这条新闻了，课堂上五六百个学生没有一个举手的，都没注意到这条新闻。三条高速铁路同时开通，这在任何一个国家都是天大的事，但在中国，建设成功的案例太多了，已经构不成大家的兴奋点。

最重要的一个问题是，在我们迅速实现现代化的过程当中，我们前进，我们在奔跑的过程中，我们丢失了很多东西。我打一个比方，现代化好像是一个人在拼命地奔跑，在跑的过程中，把爷爷奶奶装在我们贴身口袋里的东西都掉了。

我把这 30 年分成两部分：前 20 年和后 10 年。前 20 年用一句话概括：一心一意奔现代化。这是我们当年的一个口号。什么叫一心一意？别的什么都不顾，就是要实现现代化，一切要和国际接轨，所以这 20 年对传统文化的破坏很大。

在这 20 年里长大的孩子，爸爸妈妈连上幼儿园都要把他送到双语的，小学、初中、高中，爸爸妈妈最重视的一门课也是英语，这世界上没有另一个国家会把一门外语放在教育的第一位。

那时候人们见面最开心、最骄傲的是什么呢？就是我把儿子培养去了哈佛，我闺女在剑桥。这代人半辈子省吃俭用，把全部的财产给孩子去留学，最后为国外培养了一个接班人，他们毕业留在国外，传统文化对他们来说是陌生的。

我曾经说过，现代化建设的 20 年，其对传统文化的冲击已经超过了"文革"。这句话听着有点反动，不过你们仔细地想一想，"文革"对传统文化的破坏，违背了全中国广大人民的意志，它不是人们内心自发的一种愿望，那时候大部分的人都在自己可能的情况下保护传统文化。我有一个英国学者朋友是研究中国民间音乐的，他前几年去河北，到了一个村子里，人家给他拿出一摞手抄的乐谱，他是中国通，他说：这不是"四旧"嘛，怎么保留到现在？上面写着抄写的年代都是清代。这个人告诉他，自己的爸爸是民兵连长，负责扫"四旧"的，搜回来以后一直在家里藏着。其实表面上"文革"期间破坏是巨大的，但是中国人民对传统文化的保护力度，也是一般人想象不到的。

但是现代化建设的 20 年对传统文化的冲击太大了，人民是传统文化的持有者，他们主动地认为这个东西太土了，他们要接受现代化的东西。你说一个黎族姑娘穿得裙子好看，她认为太难看了。你说苗族的吊脚楼太美了，他说你怎么不来住，这没有高楼，也没有厕所和自来水。他们要过现代化的标准生活，是对过去农业文明全面的、彻底的、毫不留情的扫荡。你说北京的胡同好，但他们恨不得立马把它拆了，建楼房，搬到新楼里。结果是什么呢？结果就是你今天到中国的任何一个城市，你都不知道在哪里，全中国都一样，都是楼房林立。

我小的时候，学中国地理，中国每一个城市在我脑中都是一幅不同的画，包括扬州，"烟花三月下扬州""淮左名都，竹西佳处，解鞍少驻初程""春风十里扬州路"，但这幅画在今天的扬州已然不是了，不是物是人非，而是毛主席那句充满着伟大气魄的一句话：换了人间。

但也正是前 20 年的经济建设打下来的基础，我们后 10 年才有可能保护非物质文化遗产，仓廪实，然后知礼仪。经济是基础，一个人只有吃饱了饭，解决基本需要后，才有精力搞上层建筑，这就是马克思主义的基本原理。

最近 10 年，中国开始重视传统文化，开始反思传统文化对整个中华民族的未来有什么作用，同时也采取一系列的措施保护传统文化，包括这 10 年来在中国蓬勃发展的非物质文化遗产的保护工作。怎么评价这 30 年，我觉得是一个矛盾，要现代化，最近又提倡城镇化，我们知道所有城镇文化都是农业文明的产物，城镇化就意味着城镇里的居民，不仅仅是居住环境，连他们的文化环境都变了。

一个河南的农民到了北京，他没有地方去听豫剧，他也不会再唱民歌，他会觉得那多土，他要唱流行歌曲。而现代的主流媒体里，全部都是娱乐，既没有地方特色，也没有民族特色。10 年前我在央视的青年歌手大奖赛上提出过批评，我说现在的民族唱法千人一声，听谁唱都一样，我们那个时代没有电视，只能听声音，但是一张口就知道谁唱的。这就是从城市的千城一面，到艺术家的千人一面，千人一声。

这 30 年，除了给我们带来新的骄傲之外，我觉得最重要的一点，就是这个民族开始了一个必不可少的文化自觉。什么叫文化自觉？一个个体的文化自觉是先认识自己，人在婴儿阶段，从混沌不分，到逐渐认识外界和自己，认识他者和我。一个民族的文化自觉也要从认识自己开始，去年我有一个很看好的学生，在省里面做过非常多的非遗保护工作，还出过非遗保护方面的书，但没办法，分数差 2 分没有被录取。最后考进来的学生一路就是读书，没有任何实践经验，这能反映出教育的很大问题。现在大家都认识到传统文化的重要性，开始重新提倡传统文化，掀起一种国学热。

二、传统文化的"三柱两楼"

1. 三柱：儒释道

我们现在要复兴传统文化，那么传统文化都包括哪些内容？我有一个比喻，我说中国的传统文化是三根柱子，两层楼。大家都学过物理，三角形是最稳定的，三根柱子是什么呢？就是儒释道，缺一不可。现在有一个倾向，很多人把传统文化等同于国学，把国学等同于儒学，把儒学简化成《三字经》《弟子规》《百家姓》，其实这些都是启蒙的东西。真正儒学的精髓是什么？就是仁义礼智信。

联合国总部有孔子的八个字："己所不欲，勿施于人。"八个字很简单，但是全世界所有的人都按照这八个字要求自己，那么世界就和平了。孔子说："古之学者为己，今之学者为人。"儒家强调读书最重要的一点是完善自己的人格，其实儒家的根本思想就是两个字：礼乐。但是今天的礼乐还剩多少？

首先礼已经很少了，礼貌是要培养的，礼貌要用形式来表达，我们看日本人总在礼貌地鞠躬，但是人家鞠躬是跟我们中国人学的，中国有些年轻人越来越没有礼貌了。我有一个学生，他跟我说："老师，我现在特别难受，我见到我尊敬的师长，我想表达尊敬，但我不知道该怎么表达。"他说上小学时，要戴红领巾行队礼，小学毕业之后到今天，他就不会行礼了。

道家让中国人的心里平衡得到最好的补充，中国历代的知识分子是按照儒家的要求，修身齐家治国平天下，但是人生不如意事十之八九，有多少人能够封侯，能够建功立业？那个时候中国的知识分子就看到了道家的无争无为的思想。

佛教传入中国之后的变化就更大了，儒家不关注人的精神生活，只关注人的道德，子路曾问孔子生死之事，孔子只回答六个字："未知生，焉知死？"那么人究竟有没有灵魂？人死了以后到哪儿去呀？佛教传入中国之后，中国人才考虑这个问题。当时的中国，产生了很多哲学家、思想家，为什么中国没有创造任何一个宗教呢？宗教的产生，必须有条件。任何宗教的产生，都必须

田青教授在扬州讲坛开讲

是社会的上层感受到现实的不合理和现实的痛苦。在印度的生活
很苦，所以释迦牟尼让我们看见了人生的种种苦。佛教传入中国
之后，中国人接受了一系列的观念和文化，现在很多年轻人似乎
觉得佛家离我们很远，其实不然，假如将佛教里的语言从汉语中
剔除的话，我们可能都不会讲话了。生活中很多习以为常的语言，
其实是佛教传来的。举几个例子："世界"这个词就是佛经中传
来的，之前没有世界这个概念。中国人讲什么？讲天下，讲六合。
"一花一世界，一叶一菩提。"佛教传进来之后，中国人才知道这
么一种思想，才知道"世界"。比如"相对""绝对""导师""作
业"，这些词都是如此。

　　我们把佛教传入中国的影响分为两类：一类是有形的影响，
比如云冈石窟、龙门石窟，从敦煌到丝绸之路，以及乐山大佛，
等等。这些值得我们自豪的已经进入世界文化遗产的，全都是佛

教有形的影响。中国的雕塑史，基本上可以改成中国佛教雕塑史。

一类是无形的影响，包括我们刚才所讲的，语言和音乐。王安石曾说过："成周三代之际，圣人多生儒中，两汉以下圣人多生佛中。"中国一流的政治家、文学家、诗人、艺术家，几乎都受到佛教的影响。到了近代更是如此，康有为、梁启超等都深受佛教的影响。

有一句话，"以儒治世，以道治身，以佛治心"。儒释道三者是中国传统文化重要的组成部分，各有分工，各有侧重，但缺一不可。

2. 两楼：以汉字为载体的精神文化和非物质文化遗产

中国传统文化除了三根柱子，还有两层楼。两层楼是什么？上层是以汉字为载体的精神文化，唐诗、宋词、元曲等都是。底层就是我们今天所说的非物质文化遗产，包括传统的音乐、戏剧、各种手工技艺、各种节日民俗等，这部分的传统文化，它的广阔，它的丰富，也超出了我们的想象。

我曾经问过一个问题：很多农村子弟，没有念过书，甚至不会写自己的名字，为什么他还知道一年四季，知道勤俭持家，知道孝顺父母呢？因为他听书、听弹词、看戏，他在传统节日里感受中华民族的文化。

扬州评话，影响了一代人，包括我这个北方人。当时我对王少堂的《武松》爱不释手。人们就是从非物质文化遗产中认识真善美，懂得人生最基本的道理的，所以说保护非物质文化遗产就是保护中国的荣耀。如果真的在我们这一代中断了，我们是没有脸面面对列祖列宗的；如果靠遗弃传统文化，而迎来现代化的物质生活，我想我们是赔了。

我一直都在做非物质文化遗产的保护工作，面对现在的教育状况，我有喜有忧。我是一个有乐观主义情绪的悲观主义者，本质上，我是悲观主义者，我做非物质文化遗产保护 10 多年，把自己累得大病两次，但我不后悔。我的确看到越来越多的人认识到传统文化的重要性，认识到了它的精神价值。

钱文忠

　　出身于江南望族无锡钱氏，师承国宝级大师季羡林教授，做学问"从容含玩，沉潜往复"，有着深厚的传统文化国学底蕴。现任复旦大学历史学系教授。

传统文化热的背后

钱文忠

中国在最近几年突然出现一种传统文化热，那么在传统文化热的背后，到底隐藏着什么危机？我们应该用一种理性的，甚至是严酷的眼光，去仔细观察这一股传统文化热。这到底是一股什么样的热？这股热我们需要警惕什么？如果要观察传统文化热，我们首先就要观察改革开放以来，中国究竟发生了什么事情。

一、中国传统文化的迷失

在人类历史上，30 年不值一提，但是在这短短的 30 年里，中国大陆地区经历了人类历史上独一无二的彻底的变化，我们取得了巨大的成就和发展，当然也有很多很多的问题，但是无论如何，中国在这30年所取得的成就是不可否认的。

改革开放以来，中国最起码取得了三方面的巨大成就。

第一，经济方面。我用最简单的数据告诉你们，2007年的GDP（国内生产总值）是1978年的GDP的67倍多，这样的变化，不仅仅是数值的变化，更会带来社会文化的巨大变更。中国现在（2009年）已经是第三大经济体、第四大贸易体、第一大外汇储备国。1978年，如果要动用5000美元的现汇，必须报国务院批准，现在，我相信很多人已经可以轻松拿出5000美元了。另外，中国已经是第五个黄金储备量超过1000吨的国家。

第二，大家千万别忘记，中国这么大变化，这么突出的经济成就在什么前提下取得的，人口净增5亿！改革开放初期，中国是8亿人口，现在13亿人口。1978年，按照国际标准，中国有2亿5000万贫困人口，这些人没有生活的尊严，没有体面的生活，吃不饱，穿不暖。到了2007年，人口净增长4亿的情况下，按照国际标准中国贫困人口只有1480万，更重要的是，在人口净增5亿的情况下，中国基本上平稳发展，这是一种难以想象的发展。

第三，在这短短的30年，中国实现了从封闭、半封闭社会到开放社会，农业社会到工业社会，计划经济到市场经济三大方面的转变。这三大转变，使中国人从贫穷中摆脱出来。

这三大转变，今天我们想起来很简单，说说而已啊，但是它改变了中国的一切。什么叫封闭和半封闭？我出生在1966年，我小时候经常受到这样的教育，说台湾人生活很苦，只要香蕉皮吃。我们小时候就很封闭的，没有想过香蕉到哪里去了，小时候也受教育说资本家很坏，牛奶和鸡蛋不给老百姓吃喝，都倒到大海里。一直到 20 世纪 80 年代，我留学去德国，我才第一次知道，原来牛奶和鸡蛋有过期这一说法，我们小时候谁知道鸡蛋有过期的啊。我读中学的时候，大家都是凭票买猪肉，过年的时候，家里买到一块猪肉，也没几斤，上面盖了一个蓝颜色的章，这个章上写着时间是 1962 年，当年被寄入冷库的，到 1978 年才拿出来吃，我说这个事情，大家会觉得匪夷所思，但是那个年代走过来的人，谁不知道这种事？我当初留学的时候，问身边的留学生，是什么事情使他们一定要出国的。他们的回答惊人一致。是哪件事情？改革开放以前，邓小平以国务院副总理的身份出访美国，国内就报道了一些新闻。那时候家里有电视机的不多，我们家有一台，经常是几十个人坐在那里看。那时候管美国叫美帝国主义，当时报道里说帝国主义的社会不稳定，他们国家的工人经常要罢工，报道里还有罢工的镜头。他们告诉我，全部是因为这个镜头，受到刺激，他们才下决心出国的。这个话很滑稽，帝国主义国家的工人罢工跟你出国有什么关系啊？他们不约而同地跟我描述了一个镜头，把我的记忆激活了。有一个美国黑人，个子高高大大，他在厂里上班，下班以后，开了一辆很大的轿车，到了一家超市，当时的中国还没有超市，我们也看不懂，他进去买了一堆吃的，抱着上了车，回到他家里，他家是个别墅，当时中国的人均居住面积不到 4 平方米啊，我班里的绝大多数同学的家里还是上下铺的，美国黑人从车厢里抱出食物，把门一脚踢开，当时大家都晕了，美国人居然不关门？不怕被人偷东西吗？进去以后拉开冰箱，当时中国有多少人见过冰箱的？他拉开冰箱，把自己买的食物放进去，再从里面拿出一罐东西，拉开，咕嘟咕嘟地喝，当时中国没有易拉罐，都不知道他在干什么，完事以后，用脚把门给踢上，又坐到他的车上，从窗子里伸出一面旗子，上面写着英文：现在让我们罢工吧。就在这一刻，生活在封闭当中的中国人，发现自己的国家和世界的差距已经如此遥远，于是这批人下定决心要走出国门，要去看看世界上到底发生了什么，这就是封闭到半封闭到开放社会的转换。大家以为这几个字很容易，仔细想想我们是怎么过来的。

我再说一串数字，我估计在座没有一个人相信，在完成这三大转变的时候，中国有 3000 万工人下岗，有 5000 万农民失去土地，有 1 亿农民工在各大城市流动。就在这样的情况下，中国基本平稳、没有大规模动荡地完成了三大转变，这是很了不起的。这个三大转变，改变了中国，中国人从贫穷当中摆脱出来，中国人变得富有了，我们敢于站起来了，但有时候难免会站过头了。现在国际上公认中国人很有钱，中国游客是小偷最关注的对象，在国外，如果听说旅行团有中国人，小偷都乐坏了。20 世纪 80 年代，我出国留学的时候，和身边的人带的钱加起来不到 150 美金，已经是这架飞机上最有钱的人啦。现在的中国留学生，经常有被国外海关拦住了，为什么，带现金超标。现在的孩子都是家里的宝贝，爸爸妈妈给点，外公外婆给点，爷爷奶奶给点，一下子带几万美金走了。这就是一种巨大的变化。

中国人是从 1984 年开始才有身份证的，能自由申请护照的时间也不久，这样天翻地覆的变化，彻底改变了我们的生活，改变了中国人的心态。但是随之而来的，我们开始心神不宁，我们突然发现多了很多忧愁，我们变得不快活，经常郁闷，甚至得了忧郁症，中国自杀人口暴增。为什么有钱了反而不快乐呢？很多心理学家在找理由，实际上所有的理由都是理由，但都不是最根本的理由。我问大家一个问题，请各位在你们身上找一样中国传统的东西了，除了黑头发、黑眼睛、黄皮肤，我告诉大家，诸位身上一样都没有中国传统的东西了，现在的我们被现代化了。我再请大家马上说出脑海里想到的文化概念，大家可能想出来的是自由民主公正平等，有几个人会想到仁义礼智信、温良恭俭让、中庸之道、孝道等。换句话说，在飞速的发展中，我们突然发现，我们的传统文化没了，我们变成了无根的浮萍，根本停不住。

现在很多年轻人喜欢品牌的衣服和包，一只包就要 1 万块钱，大家还拼命排队去买。为什么大家愿意花钱去买？只因为上面写着美国制造、法国制造、日本制造等，中国制造几百块钱的却不愿意买。什么叫品牌？品牌就是文化，买国外的包仿佛买到了他们的文化，受到他们文化的熏陶。我们没有自己的文化吗？国外人纯粹就是用文化来达到经济目的，同样的东西，贴上一个外国牌子就要贵很多，中国人还在拼命去买，这就是用文化在挣钱。而且国外用人权在打压中国，说中国不民主、不自由，我们脑子里现在接受的全是别人的概念，所以我们心不安宁，现在哪一个人敢站出来说，我是中国人。你在政治经济上你敢说你是中国人，但是在文化上你敢说你自己是中国人吗？

现在就是到了这么一个时期，中国的人均 GDP 达到标准，所以开始流行传统文化热。在没达标之前，人们都为了温饱在奔波，为了生活的尊严在生活，达到标准了，人的温饱基本都解决了，开始不约而同地回来看自己的传统文化了，开始珍爱自己的传统文化，开始尊重自己的文化。但是，表面上很热，回头看看，我们究竟还拥有多少传统文化。

二、传统文化热背后的忧思

我说一件事情，大家听了会觉得很好笑，但却是很悲哀的事情。大家都在学英语，英语里的亲属称谓很简单，伯父、叔叔、舅舅都叫 uncle，阿姨、舅妈、姑妈、伯母都叫 aunt，但是中国的亲属称谓太复杂了，中文要好，就要把亲属称谓弄清楚，这是能够反映传统文化现状的。前段时间复旦大学研究生面试，我有一个规矩，面试结束后我会让考生写一封家信，向父母表达感恩之情，感谢父母的养育和栽培。我一般要求用繁体字写，但是往往没有几个可以写全繁体字的。其中有一个孩子非常优秀，考试成绩很好，他的父亲早亡，他是由伯父伯母抚养成人的，于是他写信给伯父伯母，我把信拿过来一看，第一行就让我震惊了。他开头写尊敬的伯父大人，亲爱的婶母大人。我说，哎，过来，请问婶母是谁啊？他说，钱教授，这是我伯父的爱人。我说，你伯父的爱人叫伯母啊！婶母是你叔叔的爱人啊！这怎么可以乱写呢！

老实说我们没有留下多少传统文化。为什么没有留下，我们要反思。清朝末年中国走向现代化的这批先行者，认为中国的传统文化是落后的、腐败的、丑恶的、反动的，中国的传统文化是中国走向现代化的绊脚石。假如中国要走向现代化，首先必须抛弃自己的传统文化，这真的是很奇怪的一种观念。没有经过认证，凭什么说中国传统文化就是绊脚石，全世界这么多国家，英国、德国、法国、美国、日本，没有人因为国家走向现代化而摧毁自己的传统文化，到今天英国依然有皇室，日本最高贵的服装依然是和服，法国仍然有贵族头衔。当时这种观念出来就导致人们开始遗忘、贬低、践踏、批判、摧毁自己的传统文化。

大家都知道斯大林很厉害，第二次世界大战时期，希特勒入侵苏联的时候，斯大林在地铁站里召开苏共中央全会，动员苏联军民抵抗希特勒，斯大林做了一次非常著名的演讲，他说希特勒和纳粹德国想用狂轰滥炸摧毁一个民族，一个诞生了屠格涅夫、契科夫、普希金、列夫·托尔斯泰的民族。大家听听，他说出来的名字，都是俄罗斯传统文化当中的巨人，他以传统文化来号召自己民族的力量。斯大林可不是俄罗斯人，他是格鲁吉亚人，但是斯大林从来没有贬低甚至毁灭俄罗斯的传统文化。

钱文忠教授在扬州讲坛开讲

　　虽然现在传统文化热，但不要乐观，不要认为我们大干苦干就能把传统文化恢复了。比如《论语》，请大家到书店去买三本翻译成白话文的论语，大家拿来对照着看，会发现同一句话的翻译都不一样，换句话说，由于有些传统的中断，我们不一定读得懂《论语》。讲几个例子，大家都知道孔子门下三千弟子，弟子要拜孔子为师，需要束脩，束脩是什么？很多人说是十条腊肉，每人十条腊肉，三千弟子，难道孔子家里挂满腊肉？大家想过没有，这个束脩到底是什么？孔夫子是很讲究的人啊，割不正不食，一块肉割不方正都不会食用，难道他会吃腊肉？孔子什么人来他都教，但是有一个条件，自行束脩。自行束脩什么意思啊？束就是束发，中国古代男子也都是长头发的。脩是什么意思呢？就是要自己料理生活，你要每天起来能够自己梳头，能打理自己，就是我的学校最起码是初中，不是小学和幼儿园，这跟腊肉是没关系的。

很多人说儒家是愚民思想，这个话就很滑稽。孔子是老师，一辈子拼命教人读书，怎么变成愚民了？大家说《论语》中"民可使由之，不可使知之"，老百姓你可以让他干活，但是你不可以让他知道道理，这不就是愚民吗？错了，我们标点错了。这句话应该是："民可，使由之。不可，使知之。"老百姓认可，你就让他去干，如果老百姓不认可，你就让他多了解。这是多么民主啊，根本不是愚民。现在《论语》很多都弄乱了。比如"刑不上大夫，礼不下庶人"，对当官的不能用刑法，对老百姓不用讲礼仪，我们现在都是这么解释的，简直胡说八道。"刑不上大夫"是指刑法并不优待大夫，"礼不下庶人"是指礼仪不能忽略老百姓，这才是儒家的本意。

我有一个师姐，是女权主义者，她认为中国传统文化里经常欺负妇女。她原来对孔子最不满，因为孔子说"唯女子与小人为难养也"，把女子和小人放在一起，她很不高兴。后来有一天，她给我打电话，她说她突然发现孔子是最早的女权主义者，孔子说"饮食男女，人之大欲存焉。"这不就是最大的女权主义吗？我问她是怎么断句的，她说："饮食男，女人之大欲存焉"，饮食和男人，是女人的欲望。我当时就告诉她这是不对的，标点是不可以随意更改的。我举这些例子是想说我们有时候对传统文化的误读。

中国传统文化里儒家对女性的态度是很复杂的，中国古代女性的地位高低取决于你是不是生了儿子，如果你生了儿子，地位高到天上去，哪怕是皇帝也是跪拜母亲的。大家知道清朝有个规矩，比如我到扬州当知府，我妈来看我和我爸来看我，是有区别的。我妈坐船到扬州，我应该用我的全套仪仗，鸣锣开道，我穿着官服，在码头上跪迎自己的母亲，把老太太请上轿，我只能在旁边跟着，不得骑马，更不得坐轿，扶着轿杆，然后老太太一路抬到县衙，开正门，鸣炮，把老太太抬到公堂上，请老太太下轿，下跪，老太太如果要走了，原样来一套，开正门，鸣炮，叫"硬进硬出"。如果我爸来看我，他的功名没有我高，我可以去接他，但不许用我的仪仗，不许用我的官轿，不许鸣锣开道，你在码头上换上便服，老爷子下来，塞到轿子里抬走，抬到衙门口，不许开正门，边门抬进去，抬到后院，如果老爷子要走，悄悄地抬出去，这个叫"软进软出"。因为什么呢？你当爹不如儿子，没有做个好榜样，但是母以子贵是天经地义的。

在中国传统文化的读物中，《三字经》是启蒙读物，读完《三字经》才读《百家姓》，读完《百家姓》才读《千字文》。有时候我去讲课讲《三字经》，我的很多朋友都不理解。《三字经》这么简单，有什么好讲的呢？我就让他们背背看，"人之初，性本善。性相近，习相远"。一下子停下来了。我说接着往下背啊，基本上都只能背前四句，我没有碰到一个人能背到二十句的，10%的熟练程度都没有，这就足以说明我们传统文化的现状。现在很多孩子会背，经常有父母带孩子来找我，"钱教授，我家孩子会背《三字经》"。我说："哦哦，好。那你们家长能背吗？"家长基本都不能背。透过传统文化热，我们要知道现在基本上还是一股虚热，我们掀起一个传统文化热潮是对的，但我们必须扎扎实实地去恢复传统文化、建设传统文化、弘扬传统文化。如果我们打开电视就是传统文化，打开电视就是各种讲坛，而《三字经》都不熟悉的话，那么传统文化的未来，是绝对不能乐观的。

更何况我们独特的历史是，全民狂热地对传统文化摧残和毁坏，然后接着去弘扬传统文化、恢复传统文化、建设传统文化。按照我们国家建设文化软实力，你如果不扎扎实实从最基本的做起，那么我想未来将是非常可悲的。中国在今天已经毫无疑问是个大国，但我们是强国吗？我们原来认为一个国家是否强，要看是否有强大的经济基础、强大的生产力、强大的武装力量。现在我们发现事情没那么简单，你有了强大的经济力量，只能说明你有了强大的物质力量，但你未必是一个强国。什么样才是一个强国？在于这个国家能不能形成文化软实力，能不能向世界说出你的核心文化概念。换句话说，当全世界的人认为自由、平等、公正、民主、法制、仁义、中庸、孝悌等等，都是放之四海而皆准的文化价值的时候，中国才是真正的强国。如果全世界不能接受你的文化概念，中国制造永远是廉价物。

好比我们了解扬州，有多少人会知道扬州的地区生产总值是多少？假如扬州没有瘦西湖、大明寺，假如扬州没有扬州学派，假如扬州没有扬州八怪，我们会了解扬州吗？这就是文化软实力。当我们的经济发展已经取得了长足的发展，人民的生活水平已经到了相当的高度，我们一定要懂得高度同时就是瓶颈。到了这个瓶颈，你如何寻找一个突破点？就是把这个城市推向一个新的境界，回到这个城市的传统文化当中去，寻找属于这个城市的传统文化的核心文化价值，把它建设成这座城市的真正的文化软实力。

中华民族经过多年的曲折弯路以后，我们在传统文化资源方面已经相当贫乏了，很多人还认为，我们拥有非常丰富的传统文化资源，对，曾经有过，但不是现在。我们必须用一种抢救的心态去保护我们的传统文化，在传统文化的背景下，我们要把传统文化落到人间，落到人民生活的实处。传统文化需要一次新的启蒙，我们必须从头开始，扎扎实实地重新学习传统文化，通过几代人的努力，我们的传统文化才有可能恢复辉煌。如果我们这一代人不去努力，那我们这一代人将是中华民族的罪人，因为很多传统文化很可能在我们手上彻底毁掉，再也没有办法留存。

于丹

　　北京师范大学艺术与传媒学院副院长、博士生导师。2006年获"中国十大教育英才"称号，被评为2006年品牌中国年度人物之一。意在传播传统文化，力图揭示中国传统文化的当下意义，对中国传统文化进行着当下价值的建构，在海内外文化界、教育界产生了广泛影响。

观乎人文以化成天下

于丹

中国的变化很快，变化的是中国的社会地位、中国的经济实力、中国人的信心，但是万变之中，不变的是我们内心的依据。

今天我要从《周易》讲起，因为《周易》是中国哲学最初的源头。《周易》之易有三重意思：第一是简易，中国人崇尚大道至简，真正的道理，道不远人，一定是简易的，容易跟每个时代的文明真正相通的；第二是变易，就是随着整个时光的流变，在不同的时代它会对当下做出自己的阐释；第三是变易之中的不易，也就是有一种观念的坚守，有一种血脉的传承，有中国人变生出自己的一种文明的基因。

这样的简易、变易与不易，其实也是大家所熟悉的扬州。我每一次来到扬州，其实都会感慨万千，扬州一直是我特别眷恋的一个地方，不仅仅这里是一个烟花三月，大家觉得最唯美的地方，不仅仅是因为这里有天下最好的明月夜，我想这里其实寄予着一种情怀。我每一次都要去平山堂，是因为在平山堂可以看见中国人一脉相承的文化的怀抱，想一想当年的"文章太守，挥毫万字，一饮千钟"，醉翁在那个地方一眼看出去，"山色有无中"，在今天，我们辨识清群山的颜色跟山色中的人文了吗？也是在这个地方，才能够把中国文人的风骨贯穿了士大夫的家国情怀，大家知道从宋太祖开始开科取士，宰相须是读书人，一下子比前朝取士多出来十倍，所以那个时候，文人的那份担当，都是觉得自己内圣外王的人格，修为出来就是为了奉献给江山社稷。一个人所有的学问都不被淹没，都不是为了自己要获得什么样的利益和名誉，他们把自己纯粹地准备好，纯粹地奉献出去，所以欧阳修提携了很多人，其中包括来做扬州太守的苏东坡。苏东坡这一生荣辱浮沉那么多，到晚年他自己说"心似已灰之木，身如不系之舟，问汝平生功业，黄州惠州儋州"，为什么他不提杭州？为什么他不提扬州？因为这是大家心中的荣耀之地，这都是繁花锦绣之地，而黄州、惠州、儋州，流离到天涯海角，在海南岛，在广东，那都是蛮夷之地，但是，扬州的文明又一直滋养着他。他在黄州做团练副使很不得志的时候，曾经在快哉亭给自己的好朋友张偓佺写下一首词，里面就屡屡提到这个地方。苏东坡想见的扬州，是"落日绣帘卷，亭下水连空。知君为我新作，窗户湿青红。长记平山堂上，欹枕江南烟雨，渺渺没孤鸿。认得醉翁语，山色有无中"。我们今天能够从中见到他当时的心境。他当年的一眼望断五京，看见平山堂，还有他老师当年的谆谆教诲和那样一种对于大宋的期望啊！所以它的下半阕写的真是精彩，中国人的风貌都在苏东坡的这几句词里，"一千顷，都镜净，倒碧峰。忽然浪起，掀舞一叶白头翁。堪笑兰台公子，未解庄生天籁，刚道有雌雄。一点浩然气，千里快哉风"。大家想想这十个字，"一点浩然气，千里快哉风"，我们今天又有多少人具备这样的大丈夫气象呢？静默时眉宇轩昂含着一点天地浩然正气，行动起来，不犹豫不嘀咕，乘风千里快意人生，这就是中国人该有的样子，就是他们不管如何蹉跎，经历了怎样的沧桑，初心不改这一点天地大丈夫之气。所以大家提起扬州来，这个地方是中国东西南北贯穿之境，也是古往今来浩荡之风养成的地方。这里固然有瘦西湖的明月，有它的婉约，有它的歌吹生平，但是，这里也是史可法死守，不肯投降的地方，扬州是有风骨的呀！"过春风十里，尽荠麦青青。自胡马、窥江去后，废池乔木，犹厌言兵，清角吹寒，都在空城"，那是何等的境界！所以其实一个人和一个地方，都是要经过一些动荡的，动荡之后才有宠辱，宠辱之间才见得心境，无论当年的"春风十里扬州路，卷上珠帘总不如"，还是"杜郎俊赏，算而今，重到须惊。纵豆蔻词工，青楼梦好，难赋深情"。再看二十四桥，"二十四桥仍在，波心荡，冷月无声。念桥边红药，年年知为谁生？"。桥边的那些红芍药花，那些解语花，那些深情的月色，在悲欢离合之中，看见了这样一个地方，从广陵的繁荣到鲍照写的那个荒芜的城池，一路下来而至于今，它究竟留下了什么？所以我说某种意义上扬州的明月是属于这个民族的，扬州这个地方是中国人的心灵故乡，每一个人走到这个地方，都会印证文明历史的涤荡，都会看见文人士大夫的风骨和他们坚守的底线，都能够看见这里从地方文明一直到中国精神文脉的传承。所以从这个意义来讲，扬州讲坛，这个地方特殊的意味就是每一个人到这里来，都有自己的生命相遇它的理由，可以说有多少人就有多少个扬州，有多少人就看见多少种月色。这些诗词背过去的时候，有很多人都说，为什么你特别钟情扬州？为什么你小时候会背过那么多扬州的诗词？我说其实我小的时候没有来过扬州，在很多很多年，我爱这些诗文，是因为它属于这个民族最不可替代的那一部分精华，所以今天早晨我专门到天隆寺去看我们这里的《四库全书》，我徜徉在那样的墨香之中，然后我一一看过那些经史子集，我觉得这就是一段精神的故乡，这是何等豪奢啊！在一个那么繁荣变化那么多的世事里，还有这样的寂寞与这样的冷静，有这样一种温其如玉，有这样一段可以倒溯回去的道路，这是多么美好的一件事。

扬州自古著称的是园林，在中国历史上首先最著称园林的不是苏州而是扬州。《扬州画舫录》里记载的那种繁华，今天大家举步可得。我们这里的园林好，我们这里的寺庙多，我们这里的人有文采有归属，心中有念有爱，这就是一个地方的气质。一个真正懂得明月的地方，心中必定要有这样的一种怀抱，它才存得下月光。月亮的文化，和太阳从来是不同的，大家只有赏月没有赏日之说，因为你什么时候看到太阳，它都是圆的、都是热的、都是满的，它所鼓励人的是一颗进取心去担当着，但是月亮呢，望朔之间，阴晴不定，盈极而亏亏极而盈，因为变化，所以它涵养的都是人生的平常心。所以我想，星云大师能够在这里给大家开办这样一个讲坛，大概就是让我们在一个多变的世事中涵养一颗平常心，当你看惯了阴晴圆缺，自然也就懂得了悲欢离合，当人放下了很多妄念，自然远离颠倒梦想，人就少掉了很多恐怖，这个世间的一切，无非是自己的一个心向而已。如果人生能看清这一切的话，那么其实对月色的理解也会更多地接近我们的品德。有一句禅诗说得好，"满船空载月明归"，这是我自己很喜欢的一句诗。你想想看：这一船承载的都是月光，你说它究竟是满呢？还是空呢？你说它空吧，它满满一船的清辉，它当然是骄傲的，是奢华的，因为它是满船清辉。但你说它满吗？船上其实空无一处，它没有承载任何的实体。也就是说，满与空，对于人生就是这个意义了。我们处于一个追求太满太多的时代，但是不了解空的意味。"静故了群动，空故纳万境"，这是苏东坡的话，人把自己腾空了才能包纳万种境界，人让自己先安静下来才可以了解群体的动向，真正有满船清辉这样的空灵，在这个时代我们心中就能够装下明智的判断。所以佛家还讲一种境界，说人间的美好与圆满，也是七个字，叫作"花未全开月未圆"，所以我们可以经常赏月，为什么大家会赏月呢？就是因为明月不常圆满，所以，就在圆月还欠缺一点点的时候心中存有期待。花全开的下一步就是凋残，月全圆的下一步就是亏损，像我们今天总在追求一种人生没有弹性的富足，追求一种艳羡，如果永远在追求圆满，那么明月能跟我们结缘吗？

我今天讲的题目也源自于《周易》。《周易》中有一句话，"观乎天文以察时变，观乎人文以化成天下"。大家可以看到，这里面给出了两个坐标，首先是自然的，然后是人文的。这一直是中国人观察世界的两个基本坐标。观乎天文以察时变，人要跟着时节的变化来调节自身，这样我们作为一个自然的生物，才会在四季的循环中保持着一个平衡的状态；第二句话是观察人间百态，文化是随时的文而化之，它一定不是一成不变的，大家的行为、大家的思想、大家所追逐的愿望、大家身上的焦虑和困惑，每一年都在更新，那么中国文化在帮助我们什么呢？

　　就是观察了人文百态，凝聚起来观念，再用这种价值观去化育人心，化成天下，就是文而化之的工艺，换言之，中国不缺文明，但是缺化育。比如中国人追求富贵，追求到最后，有很多人富而不贵，财富的数字积累起来了，但是没有生命的尊贵，没有悲悯，不同情弱势群体。中国人追求文化，但又文而不化，所以怎么样让这些真正流动起来，把文化变成一个过程呢？

　　一个人只有对文化有信任，文化才会来成全你，这就是孔子说的："人能弘道，非道弘人。"一颗心不去理解和感受，不去化生的话，文化是不起作用的，所以今天在有限的时间里面，我想跟大家分享三个问题：我们从《周易》来谈谈中国人的观念；我们来谈谈道家，谈谈今天的减法生活；我们回到儒家，用心来重塑一条中国文化之路的文明之旅。

一、《周易》的"天人合一"

我们从《周易》的基本观念来谈"天人合一"。中国人的文化信仰是什么？其实是天人合一。中国人遇到事情一般会说："我的天啊。"这是约定俗成，是大家最大的养成。中国人为什么什么事情都喊天啊？因为天是天道，它是讲天理的，春夏秋冬是天时，而人活着要守天良，所以中国人都知道，不敢伤天害理，绝不可以丧尽天良。那么今天我们还有对天的敬畏吗？都市化的进程，让我们迅速有了一些高楼大厦，土地被盖上了柏油，一个一个的楼顶隔开了天空，我们其实越来越远离了天给我们的自然的节奏，那么人们也忽略了很多天理和天道。

《周易》上说："夫大人者，与天地合其德，与日月合其明，与四时合其序，与鬼神合其吉凶。"这四合就是人生的标准，只有这四点都明白了，才不会跟社会有这么多的冲突。我们不是合一个时代的制度、一个时代的时尚，而是要合一些根本的东西，天地、日月、节序、鬼神，为什么要合一？我们先来从最简单的一个字讲，就是"一"字，中国人的一不是呆板的，它是一种动态平衡，它是和而不同，大家达到的最大价值默契，能够守住一些不变的东西，对于一个人的人生和对一个民族来讲，都会完成一个心灵底线上达成的默契。

"昔之得一者，天得一以清，地得一以宁，神得一以灵，谷得一以盈，万物得一以生，侯王得一以为天下正。"这是老子的一段话。得到"一"会怎么样呢？"天得一以清，地得一以宁"，苍天虽然有风云雷电，四时风雨，但那个时候没有雾霾啊，因为没有那么多的工业生产，没有那么多后天的人为加入的元素，所以虽然它四时不同，但风调雨顺。天得一以清，就是一个恒定的状态；地得一以宁，大地上千山万壑，也都是各自不同，为什么是安宁的呢？因为人没有狂妄到以外部力量去改变地质结构，这些年我们做了许多退耕还林的事情，就是当人为了自己眼下的粮食，砍掉那么多百年或者千年的古树，有一天水土流失了，你还要把这些东西退回去，要把林木还给自然本来的生态，这就是安宁。"神得一以灵，谷得一以盈"，所有这一切，万物合一以生，只要你看到生命，都得有个标准，特别是做政治的人。"侯王得一以为天下正"，什么叫作"正"？先画上一大横，一个起跑线，就是标准摆在那儿。下面的止是什么呢？人的脚步，也就是说万众的脚步要在一条起跑线上，告诉你这里是方向，谁也不许抢跑，谁也不能不守规矩，大家朝着一个整齐的方向出发，方向是正，而这个正风正气，加以人文为政治，所以孔子说："政者，正也。"一个做领导的人，自己身端影正的话，不下命令，在前面走着，后面大家都跟着他。其身不正，虽令不行，如果你自己做得不好，你下多少命令也没有人跟从你。所以什么是真正的正呢？标准一定要画在这里。

　　大家能否坚守底线的默契，比上线的追求重要得多，大家发现，人最基本的追求很容易达成共识，越奢侈的追求越会五花八门，比如吃饭的时候，在主食上大家很容易达成底线共识的，至于吃什么凉菜，吃什么热菜，每个人都有自己的口味。所以守住底线更重要，我们总在教人怎么样大有作为，其实回到家里，要告诉自己和孩子，什么是有所不为，就是无论到什么时候，有些事是坚决不可干的，有所不为守住了，有所作为才可能实现。今天大家都在追求高精尖的知识，事实上人生更应该懂得的是常识，常识才是底线，人们都在追求规模化的发展，在今天创业的环境下，降低了很多门槛，可是我想说：规则才是规模的前提，有些生命常识，有些规则的坚守，在我看来都是人生的一，就是我们守的底线，而中国人的价值观的起点，是天人的合一。

1. 与天地合其德

刚才我们讲了四合，四合是怎样的呢？星云大师说过："人生是一条激流，每个人都是自己的舵手。凡事都不是命定的，每个人都可以自由地改变自己的命运。今日脱下袜和鞋，不知明日来不来！弱者等待时机，强者创造时机。懂得变通，不通亦通。明白无常的道理，就会肯定自己的未来，做自己因缘的主人。"其实星云大师的话给"天人合一"做了一个很好的解读，为什么今天有些人觉得这是最好的时代，有些人觉得自己永远生不逢时，有一句谚语说得好："命，永远是成功者的谦词，而运，往往是失败者的托词。"一个真正特别成功的人，他是儒雅的，是内敛的，你在赞誉他为什么做得这么成功，他可能淡淡一笑："我命好。"这就是一个成功者的谦词，但是你看失败者，他的话可多了，你如果问他为什么会失败，他一定会告诉你，老天爷对他不公平，这就是失败者的托词。其实成与败，看看大师的这一句话，"做自己因缘的主人"。

"天行健，君子以自强不息。"这就是天德，苍天最大的道理是什么？不需要带着鞭子每天赶着太阳去上班，东升西落，因循流转，万古始然，它有一种自循环的力量。人生也是一样，最重要的是能不能建立自循环，没有外力监督的时候，人有自尊，人有自律，可以去打破现状和规则，生命越来越容易被打破，但是被打破要看是外力打破，还是内在打破。生命就像一个生鸡蛋，外力把你磕开炒一盘菜，那就是一种食物而已；内在如果是破壳而出，就是一个活泼的新生命。自强不息，是一个不断生命成长的力量，尽管今天有很多人在讲成功学，我还是想说：成长比成功更重要！

一个人的自强不息，要像苍天一样，你看看它是怎么运行的，不要什么事情都靠外在的监督。我特别想说这个观点，我们现在的孩子们，从开始读书就已经被家长和老师监管到失去自强的能力，外在监督太严的时候，一个人是找不到自己的价值的，一个孩子会觉得自己一直在被逼迫，到时间就要练琴，到时间就要背诗，到时间就要写字，到时间就要背单词，他对这些事情完全没乐趣的时候，他就会反抗，他会等考完试再也不碰这些东西。如果我们的孩子对于知识永远有一种反抗的状态，知识又怎么跟他结缘呢？他一辈子又怎么能信任知识呢？所以真正的自强是自我认同，孔子所谓："吾十有五而志于学。"就是一个孩子到十五岁左右的时候，自己要找到学问的乐趣，他愿意扎在里面，而不是父母和老师一天到晚监督他。我们要想想，在监督的情况下，你要他学到十二分的知识，到最后他会扔掉十分；在不监督的情况下，他是自由的、舒展的，读点儿闲书，踢踢球，游游泳，出去郊游一下，他可能会学到八分知识，到人生晚年，他大概还留着六分知识，因为这是他的乐趣。我们究竟是在一种填鸭的状态下，让人脑沦为电脑，仅仅储存死知识好呢？还是鼓励生命的尊严，让他在治学中有乐趣，一生相依相随好呢？所以要知道，自强不息这件事情，是一个人能给生命最好的礼物，就是对世界有好奇心。对学习一切有一种主动的动力。

要向大地学什么？"地势坤，君子以厚德载物。"中国地大物博，你不能要求周围人都是君子，所以"厚德载物"，就是你能理解体会不同人，然后让不同人和而不同，但是要达到动态的平衡。人一生打的交道，无非是一个对己，一个对人，这两点也是孔子所说的"忠恕之道"，就是要求自己多尽一分忠，对待他人多有一分恕，对自己尽忠就有自律，对他人宽容就有整个社会的和谐基础。其实很遗憾的就是，今天的这个时代叫作竞争的时代，人在竞争的时候，往往是争别人的资源争得太狠，一个人的能力不足，他看到别人比他强，就要想办法拉低别人，要想办法让别人倒霉。所以社会是往上走还是往下走，就看你的道德是跟谁比，如果总跟这些人比，觉得他还不如我，那我们的人生真的没有希望了，因为中国人原本的道德，是要跟天地相合，人的眼界起点要高。

《道德经》开篇有一句话："道可道，非常道；名可名，非常名。"结尾两句话："天之道，利而不害。人之道，为而不争。"这两句话也是联合国秘书长潘基文在连任宣言中特别向世界提出的东方道德理想，苍天最根本的大道，就是有利于万物生长，而不制造祸害，人间最根本的道理，就要守住这四个字，"为而不争"。每个人都有自己的岗位，都有自己的本分，一个学生，就要学好自己该学的东西，一个职员，就要在自己的岗位上干好自己该干的事情，不要把心思用在跟别人竞争上。人如果总在监督别人的话，内心对自己就会很放纵，人性是有一些弱点的，当你看到别人不如你就会沾沾自喜，事实上"为而不争"，就是一种保持平衡心态的前提。

"争"是什么？大家看看，这个争是象形字。上面是一只手，中间是一块肉，在原始狩猎的时候，一只手好不容易抓住一个战利品，有一块肉了，下面这个竖钩是什么？又上来一只手，开始跟他抢，两个人都不撒手的状态，就叫作争。也就是说争不是一件体面的事情，它是在物质极端贫困的情况下，大家对资源赤裸裸的撕扯。我们能不能鼓励一个人的有为呢？这就是苍天之道和人间之道的默契，所以为什么人要和天地合其德？是因为天长地久，人总要在大坐标里找到永恒真理去致敬，才不会被潮流裹挟。你会发现任何一个时代，天上都有日月，大地上都在生长花草与庄稼，所以人只有找到最守衡的东西，才不会在当下陷入迷思。

我们在当下，固然信息发达了，人人都在刷屏看朋友圈，朋友圈里有各式各样的信息，有多少信息是互相冲突的，比如说出现一个事情，有点赞的就有质疑的，有叫好的就有谩骂的，那什么才是世界的真相呢？我们又怎么样和这个世界相处呢？人只有找到一些永恒坐标。所以人眼界要大，起点要小，目标要远，动手要近，只有把大小远近结合好，才是平衡的人生，所以说：与天地合其德，就要找到亘古不变的天地道理。

2. 与日月合其明

日和月在一起是"明"字，但是日月之明，明在人心之中。什么是"明"呢？人类最早学文化就是建立明德，"大学之道，在明明德"。第一个明是动词，阐明、发明；第二个明是形容词，就是人的道德本来就是光明的，光明的道德小孩子都懂，长大就不太容易懂了，比如幼儿园的孩子，都知道有先后顺序，但是很多大人不懂了。人性的悲哀往往就是越大越不懂事，人性本来的纯洁和善良叫明德，所以人为什么需要文化？就是在长大的过程中，保持着一种不断阐明，擦亮自己道德，这就叫明明德。你本有的道德，你要一直提醒自己，保持它，不是一件容易的事。

亲民，这个亲字在这里读作新旧的新，民其实是指个人，什么叫"亲民"？用今天的话来讲就是成长，不断地使人更新。衰老不是人的容颜，而是人心上的尘埃，就是因为人的心中越来越没有梦想，越来越玩世不恭了，越来越圆滑了，越来越阿谀逢迎，掩盖真自我了，这叫作真正的衰老。"亲民"就是不断给自己一个新的状态，让自己还能保持着一团真气，这是一个人一辈子的功课。当每个人在学问之道中明明德，可以自新成长的时候，这个社会达成了默契，叫止于至善。至善是大家都能追求的一个目标，佛家的宗旨是让大家成为至善之人，但是我们这个民族向来都是缺少全民的宗教信仰的，中国人往往是文化信仰，但文化信仰在什么时候变得强烈呢？恰恰是在农耕时候强烈，因为大家都守土地里的规矩，都有宗庙祠堂，最贫困的农民家也会有一个祖宗的牌位，可是我们现在越来越没有了，也就是在今天，怎么样才能止于至善呢？

这要每一个人走一段修行的路，也就是说：在一个过分喧嚣的时代里，你有能力安静吗？大家在虚拟空间交流越多的时候，还能在真实空间里守住亲人和朋友吗？在大家都越来越看重一种外在的标准，看重他人评价的时候，你还有内心的自我吗？这一条路就是一条走向光明的路，《大学》告诉人要"知止而后有定"，一个人不敢说永无止境，要知道停一停。如果人生只追求成功，那你有一个方向就够了，就是正前方，一直往前走，不停歇。但人生同时要欣赏风景，你就拥有了左和右，在走的时候，放慢

于丹教授在扬州讲坛开讲

一点脚步，看一看高天的流云，看一看流水中的乐趣。但如果一个人要增长智慧，你需要有第四个方向，就是停下脚步来回头望望，人在回头的时候是长智慧的时候，人也是在回头的时候，看得见追赶自己身体的灵魂已经多么疲惫。所以，一个人只会向前，那只是一种少年的单纯的走法；一个人能够兼顾左右，开始走向一种中年的思考；但是一个人如果停下步伐，是智者的境界。

"知止而后有定"，什么叫"定"啊？定就是屋顶底下的正，现在老说中国的家庭多不稳定啊，离婚率也很高，孩子叛逆，代沟也很强，不赡养老人的事情频频发生，中国人怎么了？为什么家庭不稳定呢？你看中国字写的有意思吧！定，宝盖头，家中先有一横，然后脚步都在标准底下，这个家就稳定了。人不能太匆忙，那种湍急的瀑布，真正能看得清世界的万象吗？所以人要定下来，然后能静，我们今天动起来易，静下来难，静也是一种聆听。

我曾经看过一个有趣的小故事，其实这也是一个禅宗开悟的故事，曾经有个木匠，带着徒弟们在木工房干活，干到天擦黑的时候，很累了，抬手一擦汗，手腕上的表就飞出去了，徒弟们就满地找，刨花都堆得很厚，找到天全黑了也没有找到，就带着徒弟们吃饭去了，说明天再找，他们酒足饭饱回来的时候，看见木匠的儿子举着一块表坐在门口，小孩子说："爸爸，我给你找到了。"大木匠就很奇怪，说："我们五六个大人都没有找到，天全都黑了，你一个小孩子怎么找到的？"小孩子就说："你们这些闹哄哄的大人都走了以后，我一个人摸黑坐着，我就听到了秒针嘀嗒嘀嗒的声音。我朝着那个方向，一摸就摸到了。"所以大家想想看，静是不是一种生产力呢？《庄子》上面讲得好，"水静犹明"，水静的时候，它才是明亮的，才能看见倒影，何况人的精神呢？什么叫作圣人？就是心静之人，心一静，天地之间万物之静也，人心要静下来，才能看得见万物，人能安自己的心，是自己的事情，人心安了，才有思考的能力。我们经常拿着朋友圈的消息问：这是不是真的？我们发现国人现在一种奇怪的心态，就是人人本能都是希望好的，但我们现在听到什么好消息，第一反应是怀疑：不可能有这个好事吧？但我们一听到坏事，就疯狂地传谣。为什么越期待好越不相信好？越怕糟糕越传谣？是因为我们自己正在失去思考和判断的能力，不知止就不定，不安定就不静，不静就不安稳，然后就不能思考。人要自己思考以后才能一心所得，人的心里有没有自己的心得，是看你是不是用自己的脑子想出来的，自己想明白的事情，他才不会人云亦云，所谓"物有本末，事有终始。知所先后，则近道矣"。人要能够知道本末，不能倒置，所以君子本立而道生，中国人所讲的文化是教我们一点君子悟本的根本道理，人能够自己想，与日月合其明。刚才我们说了，太阳的进取心，月亮的平常心，你都想把它平衡起来，关键是有自己的思考，你就能合上天地日月之明。

3. 与四时合其序

什么是节序？春生夏长，秋收冬藏，现在城市里的孩子不知道还有多少熟悉二十四节气歌的，节序为什么对我们是很重要的？因为中国人过的节日，其实过的是节气，西方的节，基本上是从天上下来的，中国的节基本上都是从地里长出来的，都是二十四节气而已。例如中国人过的清明节，它是节日还是节气？它首先应该是个节气，风清景明，种瓜种豆，但这也是个重要的祭祀节日。中国人过去的养生无非就是跟着春夏秋冬走：春天要吃各种芽，在阳春三月的扬州，大家一定是喝绿茶的，不发酵的绿茶，嫩嫩的芽尖，采下来就喝，大家也会采一些香椿芽吃，还有一些柳叶尖吃，因为所有的芽尖都是刚刚爆出来的那一点生机；夏天要吃各种大叶子，长大的叶子吸收了最多的阳光和水分；秋天当然吃果实，这是硕果累累的时节；冬天吃根茎，也就是吃萝卜、土豆、白薯等。所以春夏秋冬，跟着四时的生长去养生，这就叫与四时合其序。

为什么春节在冬天过？我说这是因为地空闲了，人有时光了，回家肃穆地去迎接春天，做好准备，这是向春天致敬的一个节日。你想想，天要下雨，就要去耕地，天要下雪，人就回家农闲，只有老天爷让大地休耕的这个季节，人从从容容地从腊月二十三小年开始，一直到正月十五出大年，你能有这么多的时光，就是因为大地让你休闲一回，所以这个节奏是什么呢？这就是节气和节序的合一。人，不能因为有人工的照应，就淡漠晨昏，也不能因为夏天有冷气，冬天有暖风，就忽略了四时风雨，人不接地气其实是很悲哀的。

我经常会想起费孝通先生在《乡土中国》里说过的一句话："我们正在拥有越来越多的房子，但也正在失去越来越多的

扬州讲坛

家园。"房子和家园不是一个概念，我们现在买的房子越来越大，装修越来越奢华，但房子底下离心离德，同床异梦，好房子里越来越装不住好日子，全家人吃顿饭，还都低头玩手机，食不甘味，寝不安眠。为什么人不能回到与四时合其序的自然状态呢？这既是养生，也是心在农耕文明里的一种安顿。

4. 与鬼神合其吉凶

这四合里，大概最难懂的是"与鬼神合其吉凶"，我们今天受的都是唯物主义的教育，哪里有鬼神呢？我的理解就是敬畏，大地承载着万事万物，不要忘了"天垂象"，苍天的星象对人是有制约的，所以人"取财于地""取法于天"，人从大地上取得财宝，大地给他这个供养没有问题，可是永远不要忘了，苍天的法则在制约他，人怎么敢越过法则呢？所以山民以前会祭山，渔民下网的时候也会祭水，农民也会祈求天地。我们现在的很多问题都是竭泽而渔、坐吃山空，我们一时的收入是上来了，但是秩序的链条被打破了。比如这些年，有多少化学知识都是从食物中学到的，苏丹红、三聚氰胺等，但触目惊心的是，这都是我们日常吃的食物啊，这是破坏了链条。老子说过："智慧出，有大伪。"世界上最大的假冒伪劣一定是人有了智慧以后才做的，这就是不敬鬼神，所以人应该保持着敬畏是什么呢？叫作尊天而亲地也，对天道有一个尊敬，对大地万物有个亲近爱护，所以中国人说的"天地亲君师"，天就是最高法则，地就是万物供养，君王就是社会秩序，亲就是伦理宗法，师就是文明传承。

虽说男儿膝下有黄金，但这五点是中国世世代代都要跪拜的。我们今天丢掉了什么？最大的损失就是丢掉敬畏，也就是说人心里面，你无敬无畏，就会狂妄，就会无法无天。什么叫鬼神呢？老百姓常常讲一句话，人敢伤天害理会遭到天谴。过去目不识丁的农民都会告诉自己的孩子，不能伤天害理，这个话其实就是说：人吃五谷杂粮，也会遇到一些吉凶，但只要不是自己作到遭天谴，还是有救的。现在这些年，大家看到真实的案例，比各种离奇的电视剧要更惊心动魄，因为你真的能看见人贪婪的程度，是超出我们想象的。贪婪其实是人的本性，"贪"字下面是贝，你看资本的资、财产的财，"贝"者都跟资产、钱财有关，贪就是在贪财，人本性如果不制约，一定是无厌无阻的："婪"是什么呢？上林下女，就是希望女人跟树林一样多，所以婪就是好色，贪和婪从来都在一起，反腐处理这些大案，不都是贪婪无度吗？四合就是人生起落时候的规矩，有了这个，人才会知道生命的基本架构在哪里。

《生命的意义》书中有这样一段话："人最珍贵的是在任何已经给定的环境下，决定自己的生活态度，决定自己的生存方式。"这句话很重要，前提就是给定的环境，人要遵守社会的价值默契，一个在现实生活中没有规则意识的人，他就会时时充满挫折感。所以任何给定的环境下，再去确立的生活态度才是真实的。我很喜欢叔本华的一句话："人虽然能够做他想做的，但不能要他所想要的。"我们今天很多人想要的东西太大了，这个社会为什么会人心不安稳，是来自不公平，经常有学生在大学毕业的时候说："老师，我3年之内创业不成功，我不回来见你。"这话真的好危险啊，一个人30年都未必创业成功。我在欧洲的很多国家逛街的时候，看到20多岁的女孩子，青春蓬勃，素面朝天，穿的都是二三百块钱一条的裙子。如果她穿一身名牌，她是绝对不敢上街的，因为所有人会非常诧异地看她，大家的眼光里无非是两个判断：第一，她一身都是假货，因为她这个年龄不应该穿奢侈品；第二，这个女孩子来路不正，这一定不是她挣到的，所以没有女孩子会以穿一身名牌为骄傲。反而会经常看到白发苍苍的老太太，涂着大红的口红，穿一身名牌，大家都很欣赏，也很尊敬，因为她这个年龄，跟奢侈品之间，隔着一段岁月，大家有一种信任，后来我想这就叫价值默契。

二、道家的减法生活

接下来说一说道家的观念。人从宇宙自然往心灵走，要学一点减法，要看一下万古自然。道家是解释宇宙自然的，说得非常简单，真正的道理用不着长篇累牍，所以道家解释世界的由来是什么呢？"道"是亘古永恒的，由道生出一，一就是太极，是原始；一生出二，二就是阴与阳的平衡；二生出三，就是天、地、人三者；天、地、人生出万物，而万物共同的属性，负阴而抱阳，冲气以为和。什么叫负阴抱阳？就是把世界上所有的负能量，阴险的，恶毒的，不公平的，你要努力用你的生命把它淘出去。抱阳是什么？所有的正能量，温暖的善与爱，信仰，笃诚，把它拥入怀中，滋养生命。一个人阳气足，才能够抵御阴气，其实这也是中国房屋的结构原理。因为我们在北半球，所有的房子都是坐北朝南的，为什么呢？北边要用后山墙，把来自北方的寒气扛出去，而太阳永远是从南边出来的，我们就永远能看到温暖的阳光。那是不是一个人扛出阴气，滋养温暖，就可以和社会磕磕碰碰呢？每一个人都太不一样了，这么多人坐在这里，每一个人的此刻，都是你所有历史的总和。一个人穿什么，什么样的态度，他待人是宽厚还是刻薄？这一定包含他所有的历史，那么这些人怎么和谐相处呢？就冲气以为和，大家达到和而不同。

复杂的世界，道家几句话就说清楚了，《道德经》第 42 章，说到万物起源，最重要的就是"道"字。中国的"道"是什么？"首"是咱们的脑袋，偏旁部首走之，脑袋认定的那条路才叫道路，你才走得通，脑袋决定的那个理才叫道理。脑袋决定的道理，决定走的道路，所以大道是脑袋中观念的共识。大道是什么？道是怎么产生的？什么状态？《道德经》第 25 章中说到"有物混成，先天地生"，它有三个特点：第一，寂兮寥兮，它是寂寞寥落的，不热闹不喧嚣；第二，独立而不改，它寂寞但它不软弱，它保持着独立的操守，永远不改初衷；第三，周行而不怠，它周而复始地运行，永不消歇，又表现得柔软谦和。符合这三个特点，就可以使天地万物从中而生。

"寂兮寥兮，独立而不改，周行而不怠。"人要能耐得住寂寞，这是一种非常典雅的品质，我们今天的人多么耐不住寂寞啊，无论是网络虚拟空间，还是现实呼朋唤友，那都是打发寂寞的方式。我之前去以色列，赶上了他们一周一次的安息日，从每周五太阳落山到每周六太阳落山，这一整天都是安息日。他们每周五下午3点钟就下班，因为要回家去做饭，然后放起来，第二天吃冷食，第二天一整天都不可以劳动的，街上餐馆、影院、商店全都关闭，那么大家都在做什么呢？跟三件事有关。

第一，跟信仰有关，读《圣经》及各式各样的书，中国一年人均阅读4本书，而犹太人一年人均读60多本书，因为他们一周专门有一天读书日。第二，和家人在一起，这一天一定是全家人在一起，吃饭、聊天。第三，跟自己在一起，反省一下自己这一周做的事情，看看有哪些对错。所以用他们的话来说，"安息日"和神在一起，和家人在一起，和自己的灵魂在一起。磨刀不误砍柴工，对我们来说，不加班，孩子也不出去学习，就这么待着，不可思议吧。其实这就是犹太民族的秘密，这就是他们"寂兮寥兮，独立而不改，周行而不怠"。

我们现在反而离自己的文化状态越来越远了，我们舍不得时光去滋养。中国人使用手机也挺奇怪的，如果到哪儿没有网络，大家就跟到了世界末日一样，所以大家的手机越来越费电了，原来刚有手机的时候，两三天充一次电就可以了，后来每天充电都不够，现在一多半的人每天身上可能都要带着充电宝。那有没有发现自己的耗电也越来越快，如果人没有一种安静来救我们的耗电量，谁耗得起？所以一切的一切，要看看道在哪里，道家的寂寞、安稳，让你看见世间的大的法则，大的东西就会远，远的就会看不见，看不见就会物极必反。王维说："行到水穷处，坐看云起时。"水流云在，世界总会以一个新的状态再回来，我们今天为什么那么多人感觉仓皇？因为我们的改革开放走到今天，正在付出一些代价，我们的诚信系统在付出代价，原来中国农耕农民的那种温暖安稳的大家庭解体了，中国出现了大概两亿六千万的农民工，而他们的家园里，有六千一百万的留守儿童，这些不安稳的因素正在让人心惶惶。可是，如果我们要把视野放得更大，你要有信心，这一切是可以过去的，其实这是一个天地大道循环的道理，物极必反，关键是要守恒。知道这个世界道也大，天也大，地也大，当然人也大，可是人居其一，人还没有大到超出天地，如果道、天、地都没有了，我们就不会了解人以大地为法则，大地以苍天为法则，苍天以大道为法则，最终的结论是道法自然，也就是说大自然才是亘古不变的最高法则。

城市里的孩子真是悲哀，孩子基本上没见过动物，过去鸡犬相闻，谁家不养一群鸡，哪家的孩子不是小狗送他去上学？各种各样的小动物跟孩子们都是朋友，可现在城市里的孩子见到的都是宠物。宠物还是动物吗？有多少人家买了名贵的小狗，先把它一身的毛剃光，再给它织毛衣，穿棉背心，我们敢怎么折腾狗，就敢怎么折腾人，我们的孩子现在不是当宠物养吗？我们现在学会的很多东西无非就是给阿姨背一首诗，给大家跳个舞，让大家夸一夸，这是孩子的意愿吗？现在国家放开二胎政策了，我跟我的很多学生讲：要不要赶紧生二胎？我很惊讶的是，有 80% 的人会跟我讲："养不起啊！"我说："以你的收入为什么会养不起呢？原来农民家好几个孩子不都养活了吗？为什么现在生二胎就养不起了？"我学生就跟我讲："老师啊，我们家老大是从 6 个月的时候就每个星期上音乐课，从 1 周岁就要上外语课。"我说："1 周岁上外语课，他会说中文了吗？""不会啊。"我说："你也不怕他学乱了。中国话都不会说，先学外语，你为什么让孩子 6 个月上音乐课啊？"我学生说："老师，我怕这都晚了，我看到我周围的人音乐启蒙都是胎教。"

有时候我就在想：中国人的焦虑感，到底哪里来的？如果一个生命还没有来到世界上就被绑架，而绑架他的还是亲爹亲妈，这不悲哀吗？我们觉得养不起孩子这件事情，缺的是金钱成本吗？其实是人，越来越违背自然大道了。人还有对生命的尊敬吗？当孩子不再是一个有快乐、有尊严、独立、能选择的儿童，而变成爹妈梦想的载体，变成一个炫耀的符号，我们其实正在从家庭伦理中失去初心，越来越多颠倒梦想，人能不恐慌吗？我们有多少爹妈都跟孩子说："爸爸妈妈所有的梦想都在你身上，所以你要出人头地，我们现在一切好吃好喝都紧着你。爷爷奶奶都可以不吃，大家都伺候你。"这种本末倒置的事情，不是违背自然吗？什么叫作道法自然？所以我要多讲一些道家，就是大道至简，这本身并不难，可是我们离得太远了。

我们现在加法的人生越来越多，减法的人生不屑一顾，道家本身就是减法人生。做学问了解世界，每天都要用点加法，但是学道修道，修行自我，每天都要用点减法。那减到什么程度呢？损之又损，以至于不会。减损，一直减到心中好多妄想，好多要报复的欲望，好多对人放不下的嫉妒，都能放下。人不能只加不减，有多少东西都是我要加法，我累积财富，累积情感，累积人脉，一切都是加法，道家就是告诉你要知道腾空，要往外扔东西。

星云大师常常讲一句话："不怕念起就怕觉迟。"其实这也是中国佛家最经典的一句话，人心啊难免有些妄念、有些贪婪、有些妒忌、有些报复心、有些分别心，念头一起，能用觉悟把它转掉吗？其实这个过程，就是损之又损的过程，人都觉得拥有的都要抓着不放，大家都知道小舍是小得，大舍是大得，所以舍是什么？就是减法。什么时候人能够到无为，就放下了所有的较劲，那一刻就是自觉的开始。

我们不用让孩子每次都考第一名，也不用让股票有几倍的利润收获，人生有超常就一定会有不正常，这一定是代价，所以减法是一种平常心，要知道无事的可贵，守一段正常的生活。

我当时生孩子的时候，医生给我上了一堂很哲学的课。我怀孩子的时候没有任何反应，临产前还在工作，结果孩子生出来，医生抱着说："孩子6斤2两，头围、身高、体重都正常。"我就有点失望，我就跟医生开玩笑："我还以为我会生一个8斤多的大胖孩子，怎么才6斤多啊？"然后医生就跟我讲："你看，你要是生一个8斤多的孩子，你还能像现在这样舒服吗？你不是合并高血压，就是合并糖尿病，你就会有各式各样的毛病。而你的孩子要是 8 斤多，也会携带肥胖的基因，他也不会一切值都正常。对我们医生来讲，正常是最好的标准。"医生接着说："但凡有指标超常，他就一定有指标低于正常，这是生命的规律。"我想这是一种哲学，一个生命太多去追求超常的时候，我们会付出低于正常的代价，一个人只用加法，不会用减法，平衡就打破了，当妄念太多的时候，我们不会放下就没有自新，这就是大道理。一切来自自我的认知，知人者智，自知者明，了解别人有点智慧，但是人更难的是有自知之明。

胜人者有力，自胜者强，把别人打败了说明你有一点力气，但是人能够战胜自己，这叫强者。什么人富裕？知足者富。无论家里有什么，你能把日子过得有滋有味，就叫知足。《浮生六记》第一记，沈复写的是他娶了他的表姐以后，两人之间的生活状况。年轻的时候，这样的富贵诗书人家，两个人过了好多豪奢的日子，其乐融融。他的妻子陈芸还化妆成男孩子跟她的丈夫出去划船游历。但是好日子过得不久，家道中落，他们就只能出来住廉租房，但就在那样的日子里，陈芸能够在草编的竹帘子上画远山近水，把那么破烂的房子围上栏杆，然后让丈夫和儿女读书，她去干重活，干完重活再很优雅地回到家跟丈夫喝茶。这才是真正的贵族，也就是知足者富，不在于人人都有豪宅，只要你把拥有的日子过出滋味来，这就是你的一份富庶安宁。可是不能因为有这样的情趣，人就不往前进步，强行者有志，人生不能失去志向，但是有志有为还要不失其所在，不能一天到晚在跳槽，人还要积累一个工作经验，守住自己的根本，这样的话，终其一生，人都有一死，死而不亡者才是真正的长寿。你做出的功业，你留下的思想，肉身离去的时候，这些东西还在。

大家看一看，这不就是教人生减法吗？不是教我们向内看吗？向内看了以后，做事就没那么着急了。一个永远踮着脚尖的人，是站不稳的，一个永远跨着大步的人，是走不快的。自见者不明，天天自我表现得比谁都高明，这种人恰恰是最不明白的；自是者不彰，老是自以为是的人，是没办法彰显自己的才华的；自伐者无功，做了事情自己去邀功的人最无功，如果你相信你遇到的是一个明智的领导，那么他这一次没嘉奖你，他会累积，以后会给你机会；自矜者不长，天天眼里不容沙子，觉得所有人都不如自己，这样的人能长久吗？

现在二胎放开以后，一下子爆出多少新闻，老大和父母讲条件，如果你要老二，就没有我，逼着很多高龄妈妈含泪去做掉这个孩子。还有许多老大与父母谈判，如果要老二，先立下来一个遗嘱，财产主要是我的。想一想中国这个农耕民族，原来多子多福的，谁家不是大的带小的？为什么区区几十年，中国的孩子连手足兄弟都不容了呢？我们的基础教育出了什么问题？用一点减法，这种自我无限膨胀，唯我独尊有什么好处？《道德经》说："为无为，事无事，味无味。"别人认为无所作为的，你把他做成了，别人不当回事的，你把他当成一回事做好了，大家都不愿吃清淡的，你能吃出食材本身的味道，就会有滋有味。"大小多少，报怨以德"，本来很小的东西，你能把它做出大意义，本来很少的资源，也可以多起来。"图难于其易，为大于其细"，多难的事情，都得从容易开始，你想做多大的事情，不积跬步，无以至千里。"天下难事，必作于易；天下大事，必作于细。"所以什么是圣人？就是从来不夸口做大事的人，"是以圣人终不为大，故能成其大"。

三、儒家"五常"之道

　　道家的东西很多，天地大道我们说不了那么多，其实我们找到儒家和道家的关系就好了。道家是人与自然的关系，它是对自我的超越；儒家是人与社会的关系。它是对自我的发现，角色的实现，是人与内心的关系，也就是说人是在实现自我，又超越自我之后，才有可能回到内心，这样我们就能以稳定的人格，面对世界。建立一个真实的逻辑起点，这样的逻辑，就叫作格局。人的格局来自两个维度：一个是历史的深度，一个是世界的宽度。如果有深度，有宽度，我们就能够建立一个局。

　　道家给大家一个坐标，让你看得见格局所在，星云大师说："格局是一种志向，格局有多大，未来才能有多大。格局越大，得到的助力就越大，愿意为人做一件事，你就是一个菩萨。当你微笑着面对世界时，世界就会陪着你一起微笑。"这就是格局。什么叫作人人是佛？你帮助别人的时候，说句好话，做点好事，常存好心，一辈子能做这"三好"，真的就是菩萨境界了，而这个来自格局。一个人总在眼前计较自己的时候，是没有能力去帮助别人的。当一个人永远在指责、抱怨、痛斥这个世界的时候，世界也没有理由陪你微笑。所以，大道至简。

《景德传灯录》中说："竹密不妨流水过，山高岂碍白云飞。"水流云在，这是人间的格局与自由，我们的心量有多大，就能完成多大的事业，我们能包容一家就做一家之主，能包容一市就做一市之长，能包容一国就做一国之君。宽广的心量，除了有些与生俱来的气质，更主要的是后天的觉悟和修行。可以说人的生命就是一场修行，人了解大道，就是知道坐标在那里了，我们逐步地把自己打开，打开自我是因为了解，了解所建立的那个格局，给自己打破局限的可能。当然，最后我们要回到儒家，就是人的君子气象，这是格局中要出现的真自我。人一旦有稳定的价值观建立起来，多么富贵也不会乱来，多么贫贱也不会放弃，多么威武的强权在前也不肯屈服，这才叫大丈夫。

我们中国的大官很多，大富商很多，大学问家也很多，但是大丈夫真的不多，怎样有大的养成，才能脚踏实地？说到根本，无非就是"仁义礼智信"，就是人心的一个发光点：恻隐之心是仁爱的开端，对所有的弱势的人有同情；羞恶之心是正义的开端，自己做错事情，知道羞耻，知道承担责任，为自己埋单；辞让之心是人的礼仪的开端；而是非之心是智慧的开端。"仁义礼智"就是人能安身立命最根本的东西。而信是什么？人言为信，一言既出，驷马难追。孔子的学生子贡曾问孔子政治有哪些前提，孔子说："足兵，足食，民信之矣。"然后子贡说三条太多了，你给我去掉一条吧。孔子说去兵。子贡说两条多了，再去掉一条吧。孔子说去食。比兵力和物质都重要的不就是信誉吗？人如果没有信，社会的一切价值，还有建立的可能吗？

"仁义礼智信"，是中国人最大的价值共识，这也是儒家千古不变的核心价值。所以曾子说"吾一日三省吾身"："为人谋而不忠乎？"我的社会人格，职业人格做到尽忠了吗？"与朋友交而不信乎？"我的伦理人格做到守信了吗？"传不习乎？"我今天学习了吗？所以一日三省几乎占了三重人格：职业人格要尽忠，伦理人格要守信，自我人格要学习。

佛说："一切唯心造。"人世间万象来自一颗心啊，所以不识本心，心随物转，就会迷障重重。一个人为什么要自律？"一日三省"其实修的就是一颗心。星云大师说："我命在我，成事在人。大事难事看担当，顺境逆境看襟度。梦一定是天马行空，但绝不能空虚缥缈，谁有选择，谁就有痛苦，世界没有永远的舍，也没有永远的得。"得失的转化，怎么样让一个人的选择是由自己的明智之心而得呢？中国的儒释道，给出思考的角度，但是它是不提供答案的，人人在这个世间，都是一场修行，如果能够让中国的儒释道，成就了一颗心，我们就可以放下很多的抱怨。

"不怕念起，就怕觉迟。"一生的境遇，都是外在的各种因素演变的，一个人因为一块钱，因为一件事，甚至一句话，一个念头，都有变化，但是这些元素，就像是小沙石投到江海中，一个人会因为一个念头，产生千差万别，很多朋友都知道，一念天堂，一念地狱。

有一位武士去找住持请教什么叫"一念天堂，一念地狱"。他进去的时候住持正在诵经，没有看他，这位武士很急躁："你停下给我讲讲，什么是一念天堂，一念地狱？"住持也不睁眼，这个武士就被激怒了，忽然拿出剑来说："你怎么这么傲慢啊？我这样的人你都不好好跟我讲经说法？你信不信我现在一刀就劈死你。"老住持开眼了，对他说："你看，这一念你就在地狱。"哦，这个武士突然收起刀来，毕恭毕敬地说："我道歉，我本来是来请教的，您还是跟我讲一讲吧。"住持跟他说："这一念，你已经在天堂了。"这就是一念天堂，一念地狱。念头是本能，觉悟是修养。念头就是人遭到打压了，马上就想骂人，看到别人好了，有时候就会嫉妒，这也是生命的弱点，可是你能用觉悟去转换它。

星云大师 12 岁的时候，跟随妈妈找自己的爸爸，一路走，走到栖霞寺的时候，他刚好遇到志开上人问他愿不愿意出家，兵荒马乱时期，他毅然决然地说我愿意出家，后来志开上人把他领去剃度的时候，就问他："孩子，为什么出家啊？"星云大师当时想了想，发自本心啊，于是拍着胸脯说："我自己愿意出家啊。"结果方丈拎起藤条打了他，说："小小的年纪，你这么狂妄？没有师父领你来，你出的了家吗？为什么出家？"星云大师想了想，好像自己说错了："是师父领我来出家。"结果方丈拿起藤条又打了他："这么大个子没有主见，师父领你来，你就出家啊。为什么出家？"他第三次想了一想，觉得要说得稳妥一点："是我自己愿意出家，也是师父引我来的。"没想到方丈拎起藤条又揍了他，揍完以后还是问："你为什么出家？"星云大师当时只是一个 12 岁的孩子，被打蒙了。所以就跟他说："我也不知道为什么出家。你打我就是了。"这话一说完，方丈把藤条放下说："你开悟了。"红尘是一道更深的法门，一个人往世界走的时候，是一定要被修理和挨打的，那一个人刚被挨打会觉得是自己眼界窄，然后说是师父引我来的，但也不对，我总是在一个偏差的角度上，我应该挨打，这是人生悟性的第一重境界。到了第二重，我已经很顾全大局了，但是还挨打，人的分化就是从这个时候分出高下的，有些人开始愤世嫉俗，以偏概全，以自己的遭遇去否定所有的人性和世间的公平，人的冲突往往是在这个时候开始的。只有少数有包容、智慧和梦想的人，会觉得我自己永远没有这个世界复杂，我的无知永远比我获得的知识多，但是我不能因为挨打就不做事了，你打我就是了，其实这样的人就到了第三重境界，红尘成佛，也就是这样一条路而已。

郑板桥说："画到生时是熟时。"人有时候越成长，越谦恭，越成长，越需要心静和腾空，越成长，越知道世间万物，最后无非一切唯心造，心能转静的时候，会因为柔软和谦恭，获得更大的自由。这个世界仍然很复杂，但是应抱着希望向前方走，中国当代作家王小波说过一句话："一个人只拥有此生此世是不够的，他还应该拥有诗意的世界。"

为什么说："不怕念起，就怕觉迟。"因为一生的境遇，都是外在的各种因素演变的，一个人因为一块钱，因为一件事，甚至一句话而有变化，一个人会因为一个念头，产生千差万别，很多朋友都知道，一念天堂，一念地狱。念头是本能，觉悟是修养。念头就是人遭到打压了，马上就想骂人，看到别人好了，有时候就会嫉妒，可是你能用觉悟去转它。

罗曼·罗兰说："世界上只有一种真正的英雄主义，那就是认清生活的真相之后，仍然热爱它。"一个人认不清真相，那是小孩子被父母和老师保护下少年懵懂无知的爱，但是当一个人遍体鳞伤，挨了很多顿打之后，能不能还向前走呢？这时候心里的爱就不仅仅是一种情愫，而且是一种担当，因为你可以用这个爱，把不尽如人意的世界，改变得好一点点，这就是不折不扣的英雄主义，所以我说扬州不仅仅有杜牧和姜夔，扬州还有史可法，这个地方是有诗意的情怀和英雄主义的担当同在的地方。中国的文化，自《周易》大道而下，观乎人文化成天下，扬州这一方水土，开了这样的悟性，我们就不辜负大师在此开讲坛的初心。

易中天

中国知名作家、学者、教育家。1981 年毕业于武汉大学，获文学硕士学位并留校任教，后在厦门大学中文系任教。现已退休。长期从事文学、艺术、美学、心理学、人类学、历史学等研究，著有《美学思想论稿》《艺术人类学》等著作。

从老庄到禅宗

易中天

每一个人都会面临一个问题，就是人生的问题，而在我看来，老庄哲学和禅宗解决的都是人生问题。禅宗虽然是佛教里面的一个宗派，但是这个宗派很特别，从印度传入中国以后和中国的传统文化相结合，就变成了中国式的佛教，而这个宗教里面产生出来的哲学就是一种人生哲学。这种哲学是上承老庄的，老庄是中国春秋战国时期产生的道家学派，我们知道，春秋战国是我们民族的黄金时代，也是世界人民的黄金时代。德国哲学家卡尔·亚斯贝尔斯曾经说过，公元前八世纪到公元前二世纪，这期间是人类文明的一个突飞猛进的时代。在此之前我们人类处于婴幼儿时期，但是到了这个时代，人类突然一下子成长了。在这个时代，希腊有苏格拉底、柏拉图、亚里士多德，以色列有一批犹太教的先知，印度有了释迦牟尼，中国有老子、庄子、荀子、韩非子，等等。也就是我们说的诸子百家，诸子百家最重要的是四家，儒家、墨家、道家、法家。这四家关注的问题不一样，大体上说：墨家关心社会问题，墨家认为当时的社会缺少公平与正义；法家关心国家的体制；儒家关心文化；道家关心人生。道家哲学是一种人生哲学，禅宗也是人生哲学，所以从老庄到禅宗就是中国人生哲学的一个发展。

一、老子智慧，弱者生存

老子、庄子和禅宗对人生的态度是什么样的呢？他们有什么区别呢？老子留下的人生智慧概括为四个字：弱者生存。达尔文进化论提出：物竞天择、适者生存。谁适应这个环境就能留下来。而老子的观点是谁能够活下来？最弱的。《太平御览》里记载，老子的老师商容病重了，老子去看他，并且问老师：还有什么要教导学生的？商容说：经过故乡要下车。老子说：我知道，这是不要忘本。商容接着说：经过大树要趋行。趋行就是小步快走的意思，也是表示尊敬。老子说：我知道，这是要敬老。商容说：那你看看我，我的嘴巴和舌头还在吗？老子说：在。那我的牙齿还在吗？不在了。老子明白了，硬的存不住，软的存得住。天下事尽矣，天底下的道理全在这了。

我们去看老子的《道德经》，从头到尾，贯穿的都是这样一个思想。老子说：天底下最柔弱的东西是什么？水。最战无不胜的东西是什么？还是水。再大的城市，洪水过来就没了，再硬的石头也会水滴石穿，没有谁能够战胜水的。为什么？因为水最柔软！老子还说：一个人什么时候是硬的？什么时候是软的？活着的时候是软的，死了以后才是硬的。所以一个人要能够成功，必须弱一点，把自己放得低一点，你放得越低，你的生命力就越长久。所以他一再强调做人要低调，这样一种思想就叫作无为。

这个思想后来被法家的韩非子所继承，韩非子也是主张无为的。《韩非子》这本书里专门有两篇文章是讲老子的，里面有大量的事实和故事来证明老子的这个观点。比如韩非讲到这么一个故事，楚庄王是春秋时代的霸主，帮助楚庄王称霸的人是孙叔敖，所以楚庄王对孙叔敖非常感谢，一再要封赏孙叔敖，孙叔敖从来不接受，他只做事，不接受奖赏。有一天孙叔敖病重快死了，孙叔敖把他儿子叫到跟前说：大王多次赐给我土地，我都没有接受。如果我死了，大王就会赐给你土地，你一定不要接受肥沃富饶的土地。楚国和越国之间有个寝丘，这个地方土地贫瘠，而且地名很不吉利。楚人畏惧鬼，而越人迷信鬼神和灾祥。所以，能够长久占有的封地，恐怕只有这块土地了。果然这块土地至今没有被他人占有。这说明什么问题？弱者，你就可以生存。这就是老子告诉我们的：善建者不拔，善抱者不脱。告诉我们做人要低调。

老子的生存哲学，概括为三个字：第一个字是装。我们去读老子的书，用的很多的一个字叫"若"，大巧若拙、大智若愚，所以若是什么意思呢？就是装。聪明人不要把聪明写在脸上，都知道你聪明就会很麻烦了，要装得傻乎乎的。

第二个字是忍。忍辱负重、忍气吞声。韩信很小的时候就失去了父母，主要靠钓鱼换钱维持生活，经常受一位靠漂洗丝绵老妇人的施舍，屡屡遭到周围人的歧视和冷遇。一次，一群恶少当众羞辱韩信。有一个屠夫对韩信说：你虽然长得又高又大，喜欢带刀佩剑，其实你胆子小得很。有本事的话，你敢用你的佩剑来刺我吗？如果不敢，就从我的裤裆下钻过去。韩信自知形单影只，硬拼肯定吃亏。于是，当着许多围观人的面，从那个屠夫的裤裆下钻了过去。如果当时他没有忍，他能够有后来的成就吗？

第三个字是让。老子的书中反复地讲不要争，要让。

我们现在来看老子的生存哲学，确实有一定的道理，很多时候，确实应该忍让一些。清朝名相张英，他的家人因为修房子和邻居发生矛盾，邻居要扩大自己的住宅，就想把房子盖到他们家的地盘上来。张英知道这个事后，就给家人谢了一封信，信里说："千里修书只为墙，让他三尺又何妨？万里长城今犹在，不见当年秦始皇。"家人看信后，主动让地三尺，邻里见状，也让地三尺，于是两家之间形成了一个六尺宽的小巷。此后，两家的礼让之举和张英的"让墙诗"传为美谈。

但是我们不能说，一切的忍让都是对的。我们想象如果中华民族任何事情都一味忍让，中国如何实现自己的和平崛起呢？我们如何进行改革开放呢？我们如何发展经济呢？如何实现民族的伟大复兴呢？所以就是八个字：高端做事，低调做人。

另外，我们可以从老子的思想中看出来，老子虽然主张无为，但是他的无为是假无为。他说："无为则无不为。"说到底他最后还是要有为，而且不但是有为，还是大有所为，无所不为。换句话说，你要有所为，就要以退为进，以守为攻。老子的思想对弱势群体为主的军事上是很有用的，敌进我退，敌退我追。我们的拳头要先收回来再打出去，才有力量。

二、庄子哲学，真实自由

我们在讲到老庄的人生哲学的时候，更重要的是思考这个问题：人到底为什么活着？

这个问题老子没说，而庄子说了。庄子考虑了这个问题，什么叫作好好地活着，庄子的观点是真实而自由地活着。两个条件：一是真实，二是自由。

第一点，庄子追求的是真实。庄子讲过一个故事，老聃死了以后，有一个朋友来参加追悼会，进去以后哭了三声，走了。老聃的学生就问他说：先生你真是我们老师的朋友吗？这个人说：那当然了，我是你老师的朋友啊。学生说：那既然是我们老师的朋友，有像你这么开追悼会的吗？哭三声就走了。这个朋友说了：我本来也想多哭几声的，但是我一进来发现这么多人在哭，我就想啊，这么多人参加你们老师的追悼会，难道都是你们老师的朋友吗？这么多人在那儿号啕痛哭，难道他们都在悲痛吗？他们的痛苦是发自内心的吗？那肯定有假的。既然有这么多假的，那我何必还跟他们一起哭，我不哭了。这个故事说明什么问题？说明庄子追求的是真实。

第二点，庄子追求的是自由。庄子有一天在河边钓鱼，来了两个楚国的大夫，这两个人恭敬地说：庄子，我们国君想让您帮忙处理事务。庄子说：我听说你们楚国有一种乌龟，可以活几千岁，所以在楚国是一个宝贝，它死了以后楚王要把它的骨头恭敬地供奉在庙里，上面镶嵌着金子、宝石、珍珠，身上披着绸缎，前面还要放上香火和祭品，那我想问一问：作为一个乌龟，它死了以后是愿意供奉在庙里还是愿意活在泥巴里打滚呢？大夫说：当然是后者。庄子说：那你们回去吧，我就要在泥巴里打滚。这就是庄子要的自由。庄子看来，做自己不愿意做的事还不如死了。庄子不为世俗的荣华富贵所打动，你觉得是荣华富贵，庄子看来一钱不值，庄子喜欢自由而真实的生活。

真实和自由并不是说一定要过苦日子，这个话要讲清楚了，庄子举的例子都是这方面的例子，往往给人一种误会，好像鼓励大家过苦日子。庄子认为，生活不在于贫穷还是富贵，而在于自由还是不自由。如果你很有钱，你过得很舒服，你很自由，那也是好的，不要拿别人的标准去做标准，这是庄子真实的思想。

庄子说，有一只海鸟从海边飞到了鲁国，鲁国的国君看到后非常喜欢，这么好一只鸟，我太爱它了，于是用金子给鸟打造一个笼子，前面摆一面旗，摆了很多食物，而且有乐队奏乐，可是这真是对鸟好吗？鸟都要吓死了，还哪敢吃啊？所以庄子说：你要真心地爱这只鸟，就把它放了，让它回到大自然去。

庄子还讲了一个故事：有一头祭祀用的猪，它很郁闷、很纠结。有一次管祭祀的官员去找猪谈话，官员戴上礼帽、穿上礼服来到猪圈门口，给猪做思想政治工作。他说："猪啊，你为什么要怕死呢？你死得很光荣，我会善待你的，在你死之前三个月，我会给你吃最好的东西，给你身上披上绸缎，多舒服啊！杀你之前的十天，为了表示对你的尊重，我就香汤沐浴，我就吃斋。你死了以后，你的身子下面会铺上干净、洁白的茅草。你被肢解了以后，你的前肩还有你的后腿，我会非常隆重地放在一个盘子里面，这个盘子上面还雕着花，将来嘛都要收藏的。你看怎么样？"猪心里想的肯定是"不怎么样"。庄子说：你要是真心地为猪好，就应该让它在猪圈里吃糟糠，它不要过那个日子，不要前肩和后腿被隆重地放进一个雕花的盘子里。这个道理猪都懂，可是我们很多人不懂，很多人老在想自己该享受什么待遇，自己死了以后会开个什么规格的追悼会。你规格再高，不就是前肩和后腿放在盘子里面了嘛！庄子说：这东西你争它干啥呀？只要你是真实而自由地活着，那就是幸福的。

从这些我们可以得出什么结论呢？庄子是真无为，老子是假无为。老子是以无为求有为，庄子是以无为求无为。但是庄子这个观点我们也要一分为二，我认为对庄子的思想进行抽象继承的是什么呢？就是真实而自由，有为和无为并不重要。如果你真情实意地想无为，你就选择无为，如果你真情实意地想有为，也应该选择有为。

三、禅宗态度，放弃执着

禅宗是什么？以有为求无为。老庄和禅宗的哲学是一个辩论发展的关系，老子是以无为求有为，庄子是以无为求无为，禅宗是以有为求无为。为什么禅宗是这样一种思想呢？我前面讲了这个问题，尽管老庄一再讲无为，但是作为人也好、社会也好、民族也好、国家也好，不可能无为的。怎么解决这个矛盾冲突？就是禅宗。

我认为，禅宗的产生原因之一就是要解决这个问题。佛教是汉明帝的时候传入中国的，到了魏晋的时候开始普及开来，到了南北朝已经传播得相当成功了，我们都知道杜牧的诗，"南朝四百八十寺，多少楼台烟雨中"，南朝的皇帝很多是信佛的，尤其是梁武帝，三次放弃皇位，要去做和尚，可是国不可一日无君啊。我认为，禅宗的产生原因就是解决无为的问题。

第二个原因，禅宗的兴盛是在唐代，为什么在唐代出现呢？因为隋唐有一个重大的政治体制改革，科举制！这个国家需要很多的官员，这些官员从那里来？这个非常重大的问题从秦汉就开始探索，秦汉实行的是察举制，就是由组织部门到地方上去考察，或者由地方向中央推荐，考察的科目有很多，比方说：道德、孝廉等，但察举制有问题啊，不认读书，只认品质，这就很容易弄虚作假。有兄弟三人，为了做官，三人想出一个办法，他们要分家，老大得到四分之三的财产，其余两人共分四分之一。有人说这样不公平啊，他们俩就说，长兄如父，父亲不在了，哥哥就是父亲。这件事传出去以后，大家都说这两个兄弟太好了，这么有道德，一定要让他们两个人做官。做官以后，他们仨兄弟又重新分家了，每人三分之一。大家问：为什么要这样呢？哥哥说：如果不这样做，我们三个都不能当官了。

这就是察举制，存在很多漏洞的，所以曹操就提出唯才是举。到了曹丕改成了荐举制度，就是规定了专门的推荐官员的官员，由他们去推荐，把人才分成三六九等，评上等的就做上等官，评下等的就做下等官，评不上的就不给官。这个制度导向的结果就是，评为上等的都是高干子弟，因为来评的人都是高干，而那些出身低微的人永远做不到官。

到了隋唐就换成科举制，大家通过考试，任何读书人都有做官的机会。这时候摆在读书人面前就有一个问题，一旦你被提拔了仕途顺利当然是没有问题，但是要是被撤职、降职、罢官了呢？不顺利怎么办？孟子的话："达则兼济天下，穷则独善其身。"这是儒家老祖宗给我们留下的。请问：如何独善其身呢？如何求得心理上的安宁呢？

在这样一种制度上，禅宗应运而生，禅宗最后能够大行其道，这是其中原因之一。佛教现在在中国最行其道的是两大宗派：一个是禅宗。一个是净宗，净宗很简单，一般的善男信女，老头老太太都可以。禅宗则在于真正解决了人生问题。

老庄的无为和有为到底如何处理？一直没有办法。但是禅宗有办法。禅宗抓住了一个关键的问题，什么是佛？佛就是觉悟，先要觉后要悟。释迦牟尼之所以成佛，就是他在菩提树下悟得真学，大彻大悟之下成佛了。我们看中国古代的宗教的古籍，我们中国人分得非常清楚的，鬼是什么？人死了以后就是鬼。神是什么？也是人死了以后，但是由于生前有功德所以是神！佛是什么呢？佛也是人，但是佛有觉悟，佛祖在菩提树下立下宏愿，"不成正觉，不起此座"，我一定要想明白人生的最高智慧是什么。我突然想明白了，就立地成佛了。讲清楚一点，就是人和佛之间没有明显的界线，差别在于觉悟还是不觉悟。佛祖慈悲，他要普度众生，要把所有的人都引向幸福，让他们活得幸福。

普渡众生有没有可能？禅宗有一个观点叫作众生皆有佛性，不光是人，阿猫阿狗都有佛性，众生皆有佛性。既然众生都有佛性，为什么众生不是佛呢？禅宗告诉我们不要执着。佛与众生的区别在什么呢？悟与不悟。悟则众生佛，迷则佛众生。觉悟需要多少时间呢？刹那之间，一下子就领悟了。

如果记住老庄的无为，你什么事都不做，你能成佛吗？成不了。真正领悟以后，就会什么都想明白了。所以禅宗的最妙之处，就是按照辩证法的思路对这个世界做了彻底的否定，所有都否定以后，所有都可以不否定，人人都会做，所以众生皆可成佛。这就叫作以有为求无为。实际上就是说，你什么事情都可以做，但是，不要执着，不要认为非得怎么样，没有这个执着心思的人就自由了。这就是禅宗出现以后一直受喜爱的原因，因为它解决了人生的问题。

余秋雨

　　著名文化学者，理论家、文化史学家、散文家。现任澳门科技大学人文艺术学院院长。主要作品有《文化苦旅》《山居笔记》《行者无疆》等，其作品文辞优美，贯穿着对中国历史、中国文化的追溯、思索和反问。

佛教与中国文化

余秋雨

　　近年来，我一直在思考佛教和中国文化的关系，今天的讲座不是一个佛学讲座，其实是一个文化讲座，我从文化的角度来讲，佛教在中国文化史上的地位。现在有个热潮叫"国学热"，对提倡学习国学的人，我表示很尊重，因为他们的热情，要把我们民族的传统文化弘扬开来。但佛教是国学吗？它明明是印度文明的一种珍宝，被中华文化所接受，我们现在读的佛经里面，大部分还是从梵文音译的，这是非常伟大的文化交融现象，那么我们单纯提倡国学似乎不太合适，所以我一般说是中国人所接受的传统文化的范围。

一、诸子百家百花齐放

这是一个令人非常惊异的奇迹，中国的传统文化本身已经很丰富了，突然有一个从另外的文明里产生的文化，进入我们的文化领域，不仅进入而且扎根了，这在人类历史上是非常少有的现象。佛教传入中国的时候，中国已经有高浓度的精神财富，比如儒家，在汉武帝的时候，已经是独尊儒术了；比如道家，道家创始人老子的辈分比孔子还要老，老子的《道德经》曾经被联合国评为世界上被翻译成外文数量第二名的书，第一名是《圣经》；比如墨家，墨子提出了兼爱、非攻、尚贤、尚同等主张，更不用说法家，这都是中国的先秦诸子百家创造的文化宝库，这座文化宝库在世界文化的大宝殿中不逊色任何地方。

公元五世纪前后，全世界一起进入一个高度文明的时代，我们叫它轴心时代。按照我们简单的说法，就是人类文明史上最聪明的人们，同时产生了。轴心时代里，各个文明都出现了精神导师，古希腊有苏格拉底、亚里士多德，古印度有释迦牟尼，中国有孔子、老子、孟子等，按照一种说法，释迦牟尼比孔子大 14 岁，孔子去世 10 年以后，苏格拉底诞生了，亚里士多德比孟子大 15 岁、比庄子大 13 岁，他们几乎同时出现在这个世界上，他们之间，互相不重复地在进行思考。古希腊哲学家，着重思考人和物的关系；古印度哲学家，着重思考人和神的关系；而中国哲学家，着重思考人和人的关系。就是这个非常重要的思想黄金时代，为全人类的智慧奠定了基础。

在这么一种情况下，佛教还能传入中国，它和我们的思维方式不一样，地理限定也不一样，而且佛教传入的时候，中国任何一家的思想都充分成熟。佛教的传入，马上对中国土生土长的哲学流派产生某一种威胁，因为它的流传如此之广，如此之深入，这是一种文化大现象，所以我曾经讲过一句话就是，佛教怎么传入的，这是个小问题，佛教为什么会传入，这是个大问题。为什么佛教能够堂而皇之地登堂入室，而且它的实际地位和效果，都要超过原来的传统文化？

这就要剖析佛教文化在整个中国文化中的特殊魅力，我把我个人的经历跟大家讲一讲，个人的经历似乎能够说明每一个流派的状况。我的家乡在浙江余姚，从儒学的角度讲，余姚曾经出现过儒学大师王阳明、黄宗羲、朱舜水，这很了不起！但我出生的时候，第二次世界大战刚刚结束，那时候的中国兵荒马乱、土匪横行，我的家乡的文盲率达到98%以上，也就是说，几乎所有的儒学大师，并不被周围的人所了解，方圆几十里内，只有我妈妈一个人识字，文盲率这么高的时候，儒学所提倡的文化，到底还有多少渗透性和延续性呢？家乡有个医院叫阳明医院，是纪念王阳明而建的，但大家只知道是救命的医院，谁都不知道王阳明了。学习儒学，你不仅必须识字，而且要有非常高的文化素养，所以学习儒学的人只是极小的一部分。道家分成两种：一种是生活方式的道家，比如像老子、庄子，什么也不计较，我外公就是这样的人，整天喝酒、写诗，无所事事，日子过得很开心、很愉快，没有人帮助他，他也帮助不了别人，因为他也很贫穷，活到96岁，这好像是道家了。当然还有一种认认真真的道家，比如道士，他们以从事道教活动为职业。

那么在混乱的情况下，靠什么力量把农村的文明维持住呢？我觉得是以我的祖母为代表的一批人！她们天天念佛，天天觉得要积德行善，虽然她们都不识字，但是每个人都能背《心经》，三分之一的人能背《金刚经》，她们开始的时候可能是为了自己家庭的平安而祈祷，但是后来就成为一种本能，只知道做好事。就是这么一种精神力量，使得家家户户能够善待流浪者，能够善待身边的人，能够把文明的力量维系下去。我个人的经历告诉我，真正渗透到民间的是佛教，而不是我们想象中的知识分子的思维流派。

佛教是什么时候传入中国的呢？比较可信的是范晔《后汉书》里的一个记载，汉明帝做了一个梦，梦里有金光闪闪的金人，醒来后，他问大臣这个金人是什么，有一个大臣说可能是佛，是西天的一种佛。汉明帝在位时间是公元 58 年到公元 75 年，我们不知道做梦是哪一天，但那时候已经有人能够说出是佛，说明佛教在这之前已经开始传入中国了。汉明帝在公元 64 年的时候下令，派 12 个人到西域去取经，就是现在新疆和阿富汗边境的地方，这虽然带有传说的成分，但在历史上是比较可靠的一项记载。佛教刚开始传入中国的时候，大家都没太关注，在一两百年以后，开始广泛流传，流传的程度也非常惊人，我们知道甚至有几个皇帝也出家了。到北魏后期，整个中国当时有 3000 多座庙宇，仅洛阳就有 1000 多座，僧侣人数已经多达 200 万。

这个数字已经非常大了，中国自己的传统体系都没拥有这么大的团队，于是从北魏开始出现灭佛和反佛的思潮。中国历史上出现过四次灭佛行动和思潮，灭佛的人有三个理由：第一，几百万的僧侣人数，这么多人都听佛教的话，那么谁来听朝廷的话，这个理由好像基本能够成立。第二，这些人是不生产劳动的，一个国家哪有那么多的粮食和金钱来养这么庞大的宗教队伍？这是管账的大臣们提出的。第三，佛教不主张传宗接代，而中国伦理本位是强调传宗接代，这和佛教的思维有非常巨大的差距。所以在这种情况下，开始出现一波一波的灭佛、反佛，他们杀和尚、杀尼姑，这是非常残忍的，但很快又恢复了对佛教的尊重。总体来说灭佛的时间短，而佛教兴盛的势头很大。唐代杜牧有句诗"南朝四百八十寺"，就是说南北朝时南朝的庙宇很多，但其实整个北朝比南朝的庙宇还要多。

这么多人相信佛教，超越了中国自己的一些传统体系，于是有一些文人也开始反对。最有名的就是韩愈，唐宋八大家之首，我们都喜欢读他的散文，但是他反对佛教的理由是站不住的，比如他说佛教传入中国以前的皇帝的寿命，比传入以后要长，这是缺少科学依据的，而且也缺少佛教常识，因为佛教并不是解决长寿的问题。第二，他认为佛教是讲究灵验的，什么事情都要产生实际效果的，于是他写文章反佛教，还让佛教来惩罚他，如果不惩罚就证明无效，这点其实也是对佛教不了解，佛教本身不惩罚人，不是讲究灵验的。韩愈觉得如果佛教再兴盛下去，儒家的道统就断了，假如我们能跟韩愈对话的话，我们不得不说，他的构想只是一种理论假设。中国的百姓需要信仰，全世界的人都需要有信仰，这是一种精神需求，而一旦进入信仰，有好多做法确实不是儒家学者按照自己的逻辑能解释的，韩愈就是这样。但总体来说，唐朝是百花齐放的。

二、佛教的特殊魅力

我不是非常主张这个时代大量宣传儒学一家。为什么呢？理由很简单，中国本来就是诸子百家，怎么就变成一家了。另外，唐代是最让我们骄傲的时代，它都没有要求一个固定的国家哲学，思想是非常自由的。李白更相信道家，但也有一点儒学的影响，他要建功立业。杜甫更多靠近儒家，王阳明、柳宗元、白居易都信佛教。所以当时在唐代的文化坐标里，他们的信仰是非常多元的，思维是非常丰富的。在中国文化浓度那么高，有诸子百家的情况下，佛教为什么能够快速地传播，被人们所接受，我觉得有四个理由。

第一个原因，佛教紧紧地抓住了人生这个大标题，佛教只讲人生的问题。虽然儒家也会讲到人生，提到怎么做人，但儒家着重两个问题：一个是君子之道，一个是中庸之道。君子之道包括大道之行，天下为公；中庸之道是《周易》里提出来的。平心

余秋雨教授在扬州讲坛开讲

而论，这都是高层面的文人才比较关注的，治国、平天下的事情，和老百姓关系并不大。道家也会讲到人生，但讲着讲着就讲修炼成仙的问题了，一般的老百姓会觉得太奇迹。而法家不会讲太多的人生，它常常讲各种理论和学问。只有佛家讲到完整的人生，人的生、老、病、死，无论是皇帝，还是农民和渔民，无论是博学的文化大师，还是小秀才，每个人都会遇到这样的人生问题！《红楼梦》里的贾母是很富贵的人，她也要去拜佛；大诗人王维，他也要信仰佛，因为提到人生的问题就和每个人有关。

第二个原因，佛教和中国的其他学派相比，它在理论上简明、痛快。其他学派的思想要用心去领会，只可意会不可言传。而佛教讲人生会直接说：人生就是苦。这句话一下子就把人震住了。人生就是苦，苦的原因就是欲。为什么人会陷在欲望里面？

因为无知。要摆脱这一点，就要看穿自己，看清现实世界的虚幻性，不要太执着。我的名字、我的肉体，都会成为过眼烟云，我的社会关系，我的种种名利和地位，都带有虚幻性。只有做到无我、无执，你的人生才会变得无限。人生变得无限的时候，就是一种非常大的超越，就是涅槃。这就是佛教告诉我们的。你或许不认同其观点，但你往往会被理论上的简明所震撼。以前的学派，在理论上最大的问题就是朦胧。做学问的人都知道，观点鲜明非常重要，你论证观点的过程可以比较复杂，但观点一定要简明，而且这种思维大家都能体会，大家仔细一想，我的苦确实和某一种欲望有关。佛教是每个人都能体验的哲学，那当然就能进入民心，每个人都会经历生、老、病、死，这给苦难中的民众带来很大的精神安慰，当一个人把欲望放下，把自己的私心放下，他能做更多的好事。

第三个原因，佛教具备了实行的门径，就是有实行的路可走。佛教有戒律，不要觉得戒律很可怕，戒律才能使你看见这条路的可行性，就像人家说这有个庄园，庄园是很虚幻的，只有看到它的篱笆，你才真切感到庄园的存在。戒律就好比佛教的篱笆，戒律的存在，才让我们相信佛教的存在。戒律也好比登山时的台阶，尽管攀登很难，但如果没有台阶，我们很难攀登高峰。中国的一些学派，它就缺少戒律，比如儒家提倡君子，但什么才是君子，很难界定。佛教就不一样，你得修行，你的修行由戒律开始，戒律也有严与不严，禅宗不严，净土宗也不太严，但是律宗就很严，无论怎样，戒律都是存在的。佛教有一种让人仰望的高度，无论什么人，看到袈裟飘飘，他都带有某一种仰望，精神的仰望！我必须讲到李叔同先生，他出家以后就是我们知道的弘一法师，他本来是个艺术家、是个文人，他出家的时候就选择了戒律最森严的律宗。对于任何一个宗教而言，一定的戒律都是需要的，任何人都可以随便出入的话，即使它看上去很热闹，其实也是荡然无存的。

第四个原因，佛教有一支忠实的僧侣团队，这是其他学派没有的。佛家的僧侣团队和天主教的神职人员还不一样，天主教的神职人员，一方面可以代表人向神传达一种旨意，一方面又可以代表神的力量来惩罚或者宽恕民间。而佛家的僧侣团队，不具备这个功能，他们不是神职人员，他们只是优秀的修行者。他们起到榜样的作用，你看，我们放弃财产，放弃世俗的一切，可我们还可以很快乐，我们还可以为人间做很多好事。这么一支僧侣队伍是非常厉害的，它既遵守戒律，又在自己的寺庙里做着该做的好事，所以在社会上的影响很大。

就是这四点原因，让外来宗教在中国能够扎根。

三、佛教酿造了中国历史上真正的伟大

在中国历史发展过程当中，佛教曾经起过一个极大的作用，

就是酿造了中国历史上真正的伟大，这也是我们对佛教表示尊重的非常重要的原因。通过佛教，中华文明终于碰撞到印度文明，通过对印度文明的接触，我们又接触到希腊文明，甚至接触到波斯文明和两河文明。不仅仅是从印度传来了佛教，它一下子把中华文明的体量扩得很大，山西大同有个云冈石窟，大家去了以后会觉得非常奇怪：为什么到了云冈石窟，就像看到了古希腊的雕塑？其实这就是佛教连带着带给中华民族的文明。亚历山大大帝的时候，古希腊有一个大哲学家亚里士多德，他有个学生叫亚历山大。亚历山大是马其顿国王，他足智多谋，以其雄才大略，东征西讨，确立了在全希腊的统治地位。他打到波斯的时候，就要求自己手下的士兵和当地的女性结婚，他自己也带头结婚，和波斯皇宫里的公主结婚，他这是真正的占领，留下了血缘的占领。除此之外，他还带着很多艺术家和雕塑家打到印度，于是印度有个地方，现在是在巴基斯坦，出现了一种古印度佛教和希腊艺术结合的犍陀罗艺术。犍陀罗艺术初期，佛教开始有佛像，之前佛教是没有佛像的，犍陀罗艺术里面蕴藏着大量的希腊文明。所以当佛教传入中国的时候，带过来的既是印度文明又是希腊文明，希腊文明里还有被征服的波斯文明。

佛教宏大的气象一下子席卷了中国，我们要特别感谢一个民族和一个皇帝，这个民族叫鲜卑族，古代中国北方游牧民族。他们刚刚摆脱原始社会，他们趁着汉人和匈奴打仗两败俱伤的时候，快速地进入了北中国，成了北中国的统治者。但他们遇到了问题，北中国是农耕文化，他们不会农耕，他们只会骑马、打猎，于是在游牧文化改造农耕文明和保持汉的文明之间，鲜卑族的统治者，非常英明地选择了后者。他们虽然是占领者，但他们要成为汉文明的学生，他们是军事上的胜利者，文化上的学生。有个极关键的人物——北魏孝文帝，他在统治北中国的时候，订了几个规则：第一，我们从此不说鲜卑话，全部说汉语。30岁以上的人说错了要批评；30岁以下的官员如果说鲜卑话，就要被降职甚至撤职。第二，不准穿鲜卑服装，必须穿汉服。第三，迁都洛阳。第四，他要求鲜卑族贵族都必须与汉人结婚。看上去他们这个民族似乎没有了，其实不是，唐高祖李渊的妈妈是鲜卑人，唐太宗的妈妈是鲜卑人，唐太宗的妻子也是鲜卑人，所以到了唐高宗，他的血缘四分之三都是鲜卑人，孝文帝硬是把自己民族的血缘输入到一个伟大的唐朝！表面上看，他完全接受了汉文化，把鲜卑族的特点全部替换，实际上，他是把宏伟的马背上的气派，输入进了汉文化。

孝文帝不仅把汉文化作为老师，他把印度文化、希腊文化全部都当作老师，他把自己当成永恒的学生。通过自己是一个权力的掌握者，他把这些文化全融合在一起。所以我们可以在云冈石窟，看到希腊的痕迹，看到印度的痕迹，看到汉文化的痕迹。在唐朝建立过程中，有一个鲜卑族的首领和他的民族，通过对佛教的引进，对汉文化的学习，铺垫了我们伟大的大唐！

唐朝时期不讲边界的中华文化，非常辽阔、非常无私的一种文化现象，创造了让我们一直想念的唐代。唐代在鼎盛时期，出现很多宗教，既有摩尼教又有祆教，佛教尤其辉煌，但各种各样的宗教都能够在长安存活，说明佛的包容心很大，它从来没有排斥过别人，它也是世界上唯一没有发动过宗教战争的大宗教。例如我们现在纪念鉴真大师，他是唐朝鼎盛时期的佛学大师，他带着佛学，带着一种文化去了日本，这也是一种大气魄，他受到我们永远的纪念。

四、佛教带来的启发

佛教对我们的启发，首先是生命方式上，太让我们震撼。包括鉴真大师在内，没有一种文化是用这么壮丽的方式在传播的。玄奘法师也是如此。法显也是如此。法显出发取经的时候已经65岁，他翻过帕米尔高原的时候已经68岁，法显历时14年才取经回国，他的这种生命方式太惊人了！法显说："我是摸着白骨往前走的。"

曾经发生过为了抢一个佛学法师而发动战争的文明交流。当时前秦世祖宣昭皇帝苻坚，他有一个决定，就是把当时在襄阳的最厉害的佛学法师道安抢过来，但是道安明明在襄阳，怎么可能抢到长安呢？唯一的方法是发动战争。他派很多兵马去攻打襄阳，打下来以后其他东西都不要，只把道安带走。道安是个70岁的老法师，被抢到了长安，他就开始在那翻译经文、讲课，顺便给统治者说，你花了那么多的兵马，把我抢过来，我很感谢，但是抢我不算本事，有本事要把鸠摩罗什抢来。苻坚问："鸠摩罗什多少岁？""40多岁。"苻坚一想，你70多岁的人用这么崇拜的口气，推荐一个比你小的大师，这个人一定很厉害！于是用同样的方法，派遣将军吕光率领大军，西征龟兹去抢鸠摩罗什。等到吕光抢到鸠摩罗什准备返回，不料这时国家发生了内乱，姚苌杀了苻坚，自己当了皇帝。于是吕光就乘机据姑臧自称凉国，鸠摩罗什也就留在了凉国，鸠摩罗什在那儿待了16年，学汉文，翻译佛经，我们现在读的佛经，好多都是鸠摩罗什翻译的。后来姚苌的儿子姚兴当皇帝，他也想要鸠摩罗什，于是也是发动战争把鸠摩罗什抢到长安，姚兴亲自迎接他到长安，并封他为国师。

佛教以一种非常壮观的生命形态，让中国文化史上的很多文人震撼，即使你没有看懂佛经，也会被它感动，还没有读佛经，心里就已经接受了一大半了，所以这也是佛教传播的一个非常重要的途径。

佛教本身的发展，也是起起落落，有兴盛、有衰微。到明清时代，特别是清代，佛教遇到了两个大问题：一个就是由于江南一带经济生活大大开展，越富裕的地方越会把佛教作为求福的工具，以拜佛来求福。本来佛教的目标是要降低人的欲望的，结果佛教反倒是人们增加欲望的一个手段了。看上去是遍地香火，燃烧的全部是欲焰，这和佛教的本义差距非常大了，但佛教在这个问题上，也有一点方便行事：如果你们有自己的目标，在达到这个目标过程中，你们能够积德行善，能够不做恶事，也是允许你们烧香拜佛的。另外一个问题，就是我们的好多佛学大师开始讲经了，但要命的是讲经实在太深奥，像天书一般，越来越繁复，使它很难有社会的感召力。

佛教精神需要更好地发扬，佛教告诉我们人类如何摆脱私欲，摆脱每一个人心里的苦恼，能够让大家建立一个内心和谐的世界。佛教给我们正面的力量。中华民族让出我们的一块精神空间，让佛教文化进来，事实证明，佛教在历史上主要是做好事，是正面的力量。现在这个作用还会继续发挥，在 21 世纪呈现更大的光辉！

莫砺锋

莫砺锋，南京大学文学博士，现任南京大学中文系教授、博士生导师。兼任教育部社会科学委员会委员，中国唐代文学学会常务理事，中国杜甫研究会副会长等。长期从事中国古代文学的教学与研究，曾在央视《百家讲坛》主讲《诗歌唐朝》《白居易》等专题。着有学术专著十余部，专题论文百余篇。

苏东坡的文化意义

莫砺锋

苏东坡跟扬州有着密切的关系，就像他诗中所说："此生定向江湖老，默数淮中十往来。"那时候朝廷命苏东坡到扬州做知州，知州就是现在的"市长"一职，他说我平生已经 10 次来扬州了，确实有史料记载他 10 次来扬州，当然前面 9 次都是路过了。苏东坡这个人物是非常伟大的，他的成就是多方面的，有非常非常多的内容可以介绍，那么今天我们从哪里讲起，我想先从苏东坡生平轨迹上的一个点切入。

宋神宗元丰二年（1079 年）发生"乌台诗案"，苏东坡因王安石的求情免于一死。我们可以想象一下，如果苏东坡当年死了，我们会损失多少文化，苏东坡活到 64 岁，发生"乌台诗案"时苏东坡 42 岁，如果没有后面的 22 年，将对中华民族的文化史产生什么影响。

首先 1500 多篇古文消失了，100 多首古诗没有了，包括《念奴娇·赤壁怀古》在内的 200 首词没有了，400 多个宝贵的药方没有了，被后人誉为第三行书的《黄州寒食帖》没有了，西湖上宛如长龙的苏堤也没有了，"不识庐山真面目，只缘身在此山中"的人生格言没有了，遍布全球中餐馆的那一道肥而不腻、入口即化的东坡肉也没有了。

一、高风亮节的政治家

苏东坡的文化贡献太大了，我从几个方面来谈一谈他的意义何在，他对今天的我们有什么影响和启发。苏东坡具有多重身份，首先他是一名非常了不起的政治家，尽管在北宋后期，在当时的政治活动中他不是最主要的政治家，但他却是最高明的，也是最值得崇敬的政治家。我们来看看他作为一名政治家有什么表现呢？

我先回忆一件往事，1974 年"文革"期间我路过镇江，就顺便去看看金山寺，我知道这是一座非常有名的寺庙，当我走进去的时候吓了一跳，里面挂着一条大横幅，上面写着：彻底揭开反革命两面派苏轼的画皮。我很吃惊，为什么说他是反革命两面派啊，他两面派在什么地方？

我走进去看，原来里面还有大字报，大字报上罗列着苏东坡的所谓罪行。他为什么两面派呢？北宋后期，以王安石为首的新党和以司马光为首的旧党斗争不断，说苏东坡在新旧党政中间游离，一会儿站在旧党这边，一会儿又拥护新法，所以说他是两面派。虽然这是事实，但情况是这样的，当王安石大刀阔斧地推行新法的时候，王安石得到当时的皇帝宋神宗的支持，推行改革，非常激进。由于朝廷上反对的人太多，王安石就采取一种手段，只要支持新法就可以被提拔。这时候苏东坡站出来坚决反对，他认为新法推出得太草率，并没有好好地论证。比如，其中有一条新法叫手实法，就是让人民自报家产，然后按照比例来缴税，多数人都是希望少报一点的，因为少报少缴税，朝廷怕他们瞒报，就规定其他人可以监督是否瞒报，瞒报部分，一部分被没收，一部分赏给揭发的人。当苏东坡听到这条法令的时候坚决反对，他说这样天下就要大乱了，人都有这种心理，我举报他，我就可以得到一部分财产了。果然这条法令推行不到一年就收回了，因为执行过程中存在太多弊端。新法有一个很大的缺点就是草率，王安石急于求成，在 6 年间推出 10 条新法，使社会震荡。

《道德经》是一本智慧的书。《道德经》中有一句话说得非常好，"治大国，若烹小鲜"。就是说治理一个大国就要像煎小鱼一样，有烹饪经验的人都知道，煎小鱼要小心翼翼，你不能乱翻，乱翻小鱼就烂掉了，所以治理一个大国要慢慢地来，改革要一步一步的，不能快，不能猛烈。王安石的变法不是像烹小鲜，在我的印象里就像炒黄豆，拿铲子拼命地翻，这是一个大国承受不起的。所以苏东坡坚决反对，也因为他的反对，他被贬官，后来被逮捕流放。尽管如此，他也在所不惜，他认为有好的政见一定要表达出来。

若干年以后，宋神宗去世了，朝廷的政治格局变了，王安石也下台了，这时候司马光东山再起。大家对司马光也不陌生，就是小时候砸缸救人的小朋友，他长大后，成了著名的政治家、历史学家，主编了《资治通鉴》。司马光东山再起后，急于恢复旧法，他恢复旧法的热情跟王安石推行新法的热情一样，他要在一年之内把新法全部废掉，这时候苏东坡又站出来反对了。他反对司马光不分青红皂白地恢复旧法。他在朝廷上跟司马光争论，他说新法中有的条例还是合理的，而且已经实行这么多年了，老百姓都习惯了，你现在要一年之内把它全部废除，又会引起社会震荡，若干年前已经震荡了一次，国家会受不了的，所以苏东坡是反对的。但司马光是一个脾气很倔强的人，虽然苏东坡跟他关系很好，但是在朝廷上还是为了这件事情争论得不可开交，以至那一天苏东坡下朝回家后，怒气还没有消，他对着家人骂司马光。当然他骂人也是很文雅的，他说是司马牛，司马光这个人像一头牛一样拉不回来。苏东坡满腹才学，出口成章，他骂人也是用典故的，司马牛这个名字不是杜撰出来的，孔子有一个弟子就叫司马牛，苏东坡用典故来骂他。

司马光一年之后去世，就是因为苏东坡反对过司马光这样做，他受到司马光的老部下的排挤。所以要说苏东坡在政治上是两面派的话，那么我觉得这是真正体现一名政治家的高风亮节，什么是对国家有利的，我就发表什么意见，甚至不顾自己的前途命运，真正为国家考虑。苏东坡小的时候，他的母亲程氏教他读书，那一年苏东坡大概 10 岁，读到《后汉书·范滂传》，范滂是东汉末期的政治家，范滂因为坚决反对宦官专政，被朝廷逮捕。范滂在被逮捕之前告别他的母亲，他说我要报国了，以后不能孝顺您了，希望您原谅我。他的母亲大义凛然地说，你这样做是正义的，为正义献身我完全支持你。读到这一段的时候，苏东坡的母亲把书放下来，叹一口气，幼年的苏东坡就问母亲：如果将来我做了官，也像范滂一样，您是否会支持？他母亲马上表示说：你要能做范滂，我为什么不能做范滂的母亲呢？就是完全支持他这么做。我一直觉得苏东坡的高风亮节，跟他幼年时候在母亲面前立下的誓言是有关系的，这是他一辈子的信念，作为一名政治家，这是最可贵的品格，就是绝对不伪善，不投机取巧，一切从事实出发，从真理出发，这是作为政治家的苏东坡留给我们做人方面的遗产。

二、勤政爱民的地方官

苏东坡敢于在朝廷上公开争论，所以他在朝廷上待不安稳，他一生在朝廷做官的时间加起来不到 9 年。他更多的是做地方官。北宋有一个制度，地方官任期不得超过 3 年，超过 3 年一定要调动，朝廷的考虑是怕你在一个地方待得太久，盘根错节形成势力，朝廷就不好控制了。出于这个原因，苏东坡去过很多地方做官，有过被重用，也有被打击，那么作为一名地方官，苏东坡的政绩如何？我们讲两个例子。他政绩表现最突出的地方是江苏徐州。他到徐州不久就遇到黄河泛滥。由于徐州特殊的地理环境，边上都是山，所以洪水到了徐州就泻不出去了，洪水把徐州团团围住了，徐州完全靠一道城墙把洪水拦住，城墙外全是洪水。当时洪水离城墙的顶端不到一尺，就是再涨一尺就要漫过城墙了，一旦漫过城墙的话，全城都会被淹了。苏东坡刚上任不久就碰到洪水，他立马投入抗洪，他指挥全城人民先把城墙修好。然而洪水一直不退，他又让大家在城墙里筑一条堤坝，从里面托住城墙，怕洪水把城墙压垮。然后又找了很多船，弄了很多柴草，把柴草烧了以后吊在外面的城门口，由外来的洪水压力把柴草堵住城门。苏东坡在城墙上面搭了一个帐篷，晚上就住在那，几过家门而不入，但洪水一连几十天不退，徐州城非常危险，苏东坡就走到驻军的营地去。北宋的军队分为两类：一类叫厢军，一类叫禁军。厢军是地方部队，负责安保的，没有什么战斗力。禁军是朝廷的正规军，有作战能力，但是北宋规定禁军只有朝廷下命令才能调动，所以尽管洪水来了，地方也无权调动。徐州是兵家必争之地，所以建驻了一支禁军，但是地方不能调动，所以洪水来了他们也不出来。苏东坡走进禁军的营房请求支援，本来禁军是不敢出动的，但是当禁军的首领看到苏东坡，苏东坡浑身泥浆满目憔悴，几天几夜没回家，他感动了，不管朝廷是否有命令，他们都要去参与抗洪。在禁军的帮助下，徐州终于躲过了洪灾。苏东坡的过人之处在于，第二年，洪水虽然已经退了，但苏东坡仍然动员大家在徐州周围大修水利，特别是修堤岸，防止下一次洪水，我刚才介绍过北宋的官职3年就会调动，但他能为长治久安着想。

第二个例子是他去杭州做官，苏东坡到杭州做过两次官：第一次是做通判，第二次是相隔15年后去做知州。他到杭州以后，发现西湖的湖面变小了，不像15年前那么大了。他就跟老百姓打听是怎么回事，老百姓说再过几十年西湖可能就没有了，原来北宋时期西湖是皇家的放生池，不许百姓打鱼，于是水草疯长，湖底淤泥堆积，久而久之，一块块水面长满了水草，塞满了淤泥，湖面就越缩越小。西湖不只是旅游胜地，而且是杭州唯一的淡水源，杭州农田的灌溉用水与老百姓的饮用水也都靠西湖，西湖一旦干涸，水源就没有了。所以苏东坡上任第一件事情就是整治西湖，他动员百姓割水草挖淤泥，那么多的水草和淤泥堆到哪里去呢，苏东坡想变废为宝。西湖原来只有一条东西方向的堤岸，叫作白堤，于是他想在西湖修一条南北方向的堤岸，正好可以用水草加淤泥，为了不让堤岸阻断湖水，在堤岸上面又修了六座桥，桥底下湖水可以流通，修好以后在堤岸上又种了一些树，这就是后来的苏堤。苏东坡在杭州任期不到3年，两年多的时候就被调回朝廷，他在离任之前还在想，西湖最大的问题就是水草疯长，虽然现在把水草都挖掉了，但是以后水草还会长，要想一个一劳永逸的计划，于是他向当地的老百姓请教怎么办。有人向他建议说江南的农民喜欢种菱角，种菱角之前农民一定要除草，因为不把杂草除掉，没等菱角长好，水草已经疯狂长起来了。于是他收很低的租金把湖面租给百姓种菱角，像我们现在承包土地一样，但是他又担心如果菱角收成好，农民会扩大种植面，万一菱角把湖面都盖住了，就看不到水面了。所以他要划一个界限，湖心的一大片水域不可以种。水上怎么划界限呢？他就请人用石头做了一些宝塔竖在那里，两个宝塔之间的连线，靠岸的这边可以种，靠湖心的这边不许种。现在这3个小宝塔还留在西湖里，去过的朋友们都能看到，这就是"三潭印月"。苏东坡有一首七言绝句写西湖的："水光潋滟晴方好，山色空蒙雨亦奇。欲把西湖比西子，淡妆浓抹总相宜。"他说西湖就像古代的美女西施一样，无论是浓妆艳抹还是素面朝天，她都是美女，西湖也是这样，下雨天也美，晴天也美，苏东坡的诗，就是西湖最好的广告词。

　　但是苏东坡对杭州的主要贡献不是这首诗，而是假如没有苏东坡，或许就没有今天的西湖，西湖就没有今天这样的面貌，上面也没有这一条苏堤，所以苏东坡对于杭州的贡献是留下了一个完整的西湖。苏东坡后来离开杭州的时候，自己也说过，他的主要贡献就在这里。确实是这样，苏东坡在每一个地方所创造的政绩，千年以后还让百姓受益，以至后人还在怀念他，还在纪念他，这才是一个最合格的、最优秀的地方官。当然苏东坡在杭州做的事情还有很多，他创办了第一所公立医院，让穷人有地方看病等。

　　苏东坡的一生并不是一直在做官，他还有很多时间不在做官，或者干脆被流放了，他在流放的时候是什么样？苏东坡晚年回到金山寺时，看到别人给他画的一幅画像，庙里的和尚请他题诗，他就在这幅画像上提了一首六言诗，最后两句是"问汝平生功业，黄州惠州儋州"，这三个地方都是他被贬职去的地方，即使他被贬职了，依然延续仁政爱民的思想。他被贬到黄州，发现黄州的百姓有一种陋习，穷人生了孩子以后养不起，生下来就把孩子放在水里闷死，叫溺婴。他觉得真的很残忍，于是他发动当地的老百姓、发动富人捐款，成立了一个救婴会来帮助这些孩子，以后谁家再有新生的孩子养不起，千万不要溺死，救婴会会出钱给你养。

他第二次被流放到惠州，那时他已经 59 岁了，他踊跃参加当地的一些市政工程，惠州修东兴桥和西兴桥，他都有捐款，甚至还动员家人捐款。他最后被贬到海南儋州，等他到儋州的时候，他已经没什么积蓄了，他自己过的生活也非常艰苦，跟当地的老百姓一样，以木薯为主要食物，很少有大米吃。那么他没有财力支援地方建设了，怎么办？他利用文化上的优势，帮助当地发展教育，他指导当地人怎么读书，他写文章向当地人推广优良的稻种，写文章劝导当地人生病要找医生，等等。他普及文化，亲自指导儋州的年轻人读书，在苏东坡来儋州之前，这里没有出过一个进士，因为这个地方经济文化太落后，教育跟不上。在苏东坡的指导下，儋州出了有史以来第一个进士，那个人叫姜唐佐，他师从苏东坡，当然他考上进士时，苏东坡已经去世了。所以不管在什么地方，不管自己什么处境，苏东坡都努力地为当地老百姓做一些好事情。这对于一个人来说，是非常可贵的一种品质。这是儒家的仁政爱民思想的一种具体表现。

三、一生都在学习的天才

　　作为一名文学家和艺术家，苏东坡是一个天才，这个大家都不否认。现在有的教育家，包括我本人也在大学里教书，我们不提倡天才这个概念，但人确实是有天才的，当然天才比较少。但苏东坡肯定是一个天才。北宋时候有一个传说，苏东坡出生的那一天夜晚，家乡附近的彭老山，一夜之间草木全部枯死，为什么他生下来山上的草木会枯死呢？人们相信这个天地山川的灵气都被这个男孩吸走了。

　　他的天才标志就是，他在文学和艺术的各个领域都登峰造极。古文，他是"唐宋八大家"之一；古诗，他与黄庭坚并称"苏黄"；词，他与辛弃疾并称"苏辛"；书法，他是"北宋四大家"之一。苏东坡是天才这是毫无疑问的，他在22岁时参加进士考试，考场上临时写的一篇命题作文都被选入《古文观止》。他的鉴赏能力也特别强。他曾说王维是诗中有画，画中有诗，他说孟郊和贾岛是郊寒岛瘦，他说陶渊明是唐朝之前的第一大诗人，这样的评论一直沿用至今。陶渊明以前一直被看作第二流诗人，他以前的名气也不大，然而苏东坡说陶渊明是第一大诗人，这就从此定论，以后再也没有争论。黄庭坚说过，很多年轻人都要把自己的作品给苏东坡看，苏东坡表扬以后你就了不得了。黄庭坚又说，你们写了诗词给苏东坡，苏东坡不用看，他拿着作品用鼻子一嗅就知道好与坏，他对这些太敏锐了。苏东坡一定是一个天才，但是我们千万不要给年轻人说天才这个概念，天才是必须勤奋的。

东坡的成功既在于他的天分，也在于他的踏实勤奋。苏东坡跟他的弟子说过一段话，他说：我年轻时候读书是这样读的，每读一部经典一定从头到尾抄一遍，每次抄书用不同的字体，这次用楷书抄，下次用行书抄，一边抄原文，一边练书法。所以他从小是下苦功的。他中年在黄州时，已经是闻名天下了，但是他仍在下苦功，在黄州当地有一名负责教育的官员，有一天他到苏东坡家访问，书童进去通报，过了很久苏东坡都没有出来，这在古代是失礼的，又过了很久，苏东坡才匆匆忙忙出来，出来以后就抱歉地说对不起，解释说他刚才在里面做功课，今天的功课没有做完。这个官员听了很不相信，他是名闻天下的苏东坡啊，怎么还要做功课？于是问他：你做什么功课呢？他说：我在抄《汉书》。官员又不相信了，《汉书》他可能都倒背如流了啊。苏东坡说：我已经是第三遍抄《汉书》了。《汉书》全文几十万字，他抄了三遍，所以他是下苦功的。除了下苦功，苏东坡一生都在勤奋地思考，在接受新知识，他从不自满，而是一直都在补充自己。用我们今天的话就是一直在给自己充电，在接受新的知识，他学习的门类绝不仅仅局限于文学、艺术。我们今天了解的苏东坡是文学家、艺术家，实际上，他在自然科学方面、在工程技术方面都非常努力。我们现在看《苏东坡全集》中有很多文章不是谈文学艺术，他有一篇文章专门谈怎么嫁接果树，他说把果树的两个枝条连在一起，涂上一种四川产的野生芋头的汁，这样嫁接的地方最容易存活，他还写过文章推广当时的新农具、当时的新稻种，等等。

有一点我想特别介绍一下，广州市历史上的第一个自来水工程就是苏东坡设计的。苏东坡59岁时被贬到惠州，路途中路过广州，在广州待了两天，当时广州的知州叫王古，王古是苏东坡以前就认识的朋友，王古招待了他。苏东坡到惠州以后，一连给王古写了四封信，这四封信现在收录在《苏东坡全集》中，一直没有失传。信里写了什么呢？就是建议王古为广州安装自来水，他说：我路过广州的时候，发现广州老百姓的饮用水质量很不好，我在广州城北20里的地方，发现半山腰有泉水，泉水量非常大，泉水高度很高，只要用大的毛竹管把他接起来，接到广州，老百姓就可以喝了。这就是自来水技术啊。毛竹管接水的技术在唐代就有了，杜甫的诗里有写过，长江边上的一带就是这样的。但问题是，20里的路程用毛竹管一根根接起来，一定要解决漏水的问题，两根水管接头的地方，无论插得多么紧，一定会漏水，漏到广州就所剩无几了。于是苏东坡在第二封、第三封、第四封信里就说具体解决问题的办法。

怎么解决这个问题呢？他说以前工匠告诉过他，首先把这根竹管细的一头刨光，粗的那条竹管里面也刨光，两边都刨得很光

莫砺锋教授在扬州讲坛开讲

滑，那么在细的一端缠上一层麻丝，再在麻丝上涂一层漆，趁这个漆还没干的时候，就使劲地插到粗的竹管里，这样就不会漏水了。我为什么读苏东坡的书信，读到这里时特别关注呢？因为我是安装过自来水的，在当知青第八年的时候，我到淮北的一个公社，那里没有自来水。那一年新来的公社书记是从地区调来的，他来了以后很不习惯，于是他就找来了几个知青，我也是其中之一。他说：你们知识青年有文化，你们能帮我安装一个自来水吗？我们说自来水并不复杂，你交给我们知青吧。他给我们提供资金，后来我就到县城的自来水公司去学习怎么安装自来水，结果一天就学会了，那个自来水公司的师傅告诉我，有一个关键技术，就是两根水管接头的地方肯定会漏水的，怎么解决漏水问题呢？关键就是在前面细的那一端缠上一些麻丝再涂上漆就不会漏水了，我学会了这个技术，所以我后来读《苏东坡全集》读到这里时会特别注意。

在苏东坡的指导下，广州人民喝上了山泉水。这个例子说明什么？就是说明苏东坡一生一直在思考，掌握更多的知识，又利用自己的知识为百姓服务。

四、平易近人的苏东坡

苏东坡还有一点也是非常值得我们学习的，他非常平易近人。很多人因为成就高，就变得高高在上，拒人于千里之外。比如现在的一名非常了不起的书法家，如果普通的百姓要求他写一幅字，他怎么可能写呢？但苏东坡不是这样，他不管对方的身份如何，他以一颗坦诚的心跟人家相交，所以苏东坡从来不吝惜自己在文学和艺术上的才华，他很愿意为人家服务。比如说书法，当时人们非常愿意得到苏东坡的书法，他的字大家都很喜欢，朝中所有的文官都有他的作品。有一个武官叫姚麟，他也喜欢苏东坡的书法，但平时武官和文官没什么接触，他不好意思去跟苏东坡要，也没有什么机会。有一个文官叫韩宗儒，他知道这件事情了，就千方百计地到苏东坡那里去讨字，哪怕是一个便条，他都送到武官那里，武官以 10 斤羊肉作为答谢。这件事情后来被黄庭坚知道了，他是苏东坡的朋友。他跟苏东坡开玩笑说：大家都传说王羲之以书法换白鹅，他的书法叫换鹅书，你的书法就叫换羊书，有人拿去换羊肉吃。苏东坡听了以后哈哈大笑也不生气。过了几天，苏东坡正在翰林院办公，韩宗儒又派人来送信，信里没有什么内容，就是简单的问候。苏东坡知道他的来意，就把信拿下来说知道了。看送信的人站在那里不走，苏东坡问你怎么还不走啊，那个人说你还没给我们老爷回信呢，苏东坡说你回去转告你家老爷，本官今天不斩羊，今天你们家老爷没羊肉吃了。

有一天黄庭坚跟一个人说：如果你想得到苏东坡的书法，我教你一个办法，我已经打听好了，苏东坡明天要到一个寺庙去玩，你事先做一番准备。这个人做了什么准备呢？第二天苏东坡到了寺庙门口一看，怎么庙门口放了一张书桌，桌上铺了几张很好的宣纸，旁边的砚台，墨都磨好了，还有一支毛笔，他拿起来一看说这毛笔不错，于是他拿起来就写，写好以后这幅书法就归这个人了。所以要得到苏东坡的书法在当时很方便，他的作品流传下来的很多，民间收藏的也非常多。

苏东坡在杭州做知州时，有一天审堂，衙门打开，原告和被告走进来。在古代有一个非常好的规矩，就是无论县衙门还是州衙门，在审理案件的时候，大门一定是打开的，老百姓不可以进来，但是老百姓可以在门外旁听。原告说去年冬天借了 20 贯钱给被告，一贯钱就是 1000 个铜钱串成一串，说好今年夏天还我，到了夏天他不还，请老爷做主叫他还钱，苏东坡就问这个被告：为什么借人家钱不还啊？被告说：不是我不还，我是还不上啊！

小人家里是做扇子生意的，去年冬天我向他借了 20 贯钱当本钱，买了竹子，买了绢，准备到今年夏天卖了扇子以后还钱给他。没想到今年夏天杭州气候反常，天气不热大家不需要扇子了，扇子卖不掉，所以我的本钱就收不回来。我家里现在积压了很多很多的扇子。苏东坡就为难了，按照法律你借钱到期要还的，但是按照人情他不是有意不还，他还不出来啊。苏东坡想来想去，他有办法了：你家里不是有很多扇子吗？把你的扇子拿过来 20 把，我帮你卖。那个人听到以后赶紧跑回家抱来了扇子。苏东坡把 20 把扇子在桌子上一字铺开，拿起笔来开始写字画画，他写得很快，一会儿就写好了，他把扇子给被告，一把扇子卖一贯钱。大家一看是苏东坡亲自画的扇子拿出来卖，蜂拥而上，抢购一空，这个人就把钱还上了。苏东坡作为一个地方官，利用自己这方面的本领帮老百姓解了难。

五、也无风雨也无晴

我们再看一看普通人身份的苏东坡。苏东坡作为政治家，作为地方官员，作为文学家、艺术家，他固然有很多非常了不起的表现，值得我们后人学习，但是也许对我们启发意义更大的是作为一名普通人的苏东坡，他对生活是什么态度，他对人生是什么态度，64 年的人生他是怎么走过来的，这更加了不起。几乎是每一个人，在他的一生中间，都会有顺境也有逆境，你总归会在某一个阶段碰到过一些坎坷，当你在顺利的时候当然过得比较好，当你在不顺利的时候，你碰到逆境了怎么办？苏东坡也许留给我们最宝贵的精神遗产，就是他的人生态度。苏东坡一生遭受的苦难非常多，他的品质那么好，高风亮节、大公无私、仁政爱民，又有很好的才华，但是命运善待他了吗？没有。他一生受到无数次的排挤，诽谤打击，以至遭遇了"乌台诗案"，在御史台监狱里关了 130 多天，差点被杀，他遭受过很多打击，但是看看苏东坡是怎么坚持过来，怎么走完他的一生的？

后人在讲到苏东坡面对逆境时，都强调一点豁达，无论受到什么打击，他都想得开，这点当然不错，但是比豁达更重要的是坚韧不拔。没有坚韧不拔作为基础的话是旷达不起来的。他对于自己从事的事业，他对自己的信念，对自己的品行都充满信心，他坚信自己这样做是对的，要坚持下去，在这个基础上，然后他再比较积极乐观地对待种种苦难和打击。

"乌台诗案"是苏东坡生平遭遇的第一次打击，也是非常沉重的一次打击，他被以诽谤朝廷的罪名逮捕起来，抓进去以前他就知道形势险恶，因此他跟儿子有一个约定，苏东坡说：我进去以后，咱俩就不能见面了，更不能通信，你每天到外面去打听，如果形势没有什么变化，你就给我送一般的饭菜，如果听说朝廷要杀我了，你就送一条鱼进来，我看到鱼可以有精神准备，知道事情不好了，让我不至于措手不及。

苏东坡在"乌台诗案"的遭遇真是令人感到辛酸，他刚进去第一天时，御史第一句话就问他：你家里有没有丹书铁券？什么是丹书铁券？就是北宋的皇帝赏给功臣的，你有这份证书放在家里，假如你的子孙后代犯了死罪，都可以不杀。苏东坡家里有丹书铁券吗？这是明知故问，当然没有。苏东坡出生于四川眉山，我们看苏东坡的文章里，或是给别人写序言，都不用这个"序"字，因为他祖父的名字叫苏序，他要避讳的。他的祖父苏序是一介农民，家里比较富裕，但也不是官员，没有做过官。他的父亲苏洵因为古文写得好，到50多岁才做了一个小官。他们兄弟二人，都是靠科举考试，考上进士才做官的。他的家里哪有丹书铁券啊，肯定没有，那为什么要问他呢？原来问一个囚犯家里有没有丹书铁券，这是北宋的规定，审问死刑犯的必经程序，说明他们已经估计苏东坡要判死刑的。苏东坡在御史台的监狱里过得非常难，天天被逼供，苏东坡在御史台招供的话全部保存下来了，总共2万多字。透过文字我们都能看到他是怎么被逼供的，日夜不让他休息，御史们一心希望苏东坡精神崩溃，崩溃到说我想谋反，这样就可以杀他了。苏东坡在御史台监狱里被折磨了130多天，但最后还是被赦免了。

　　其中当然有很多正义的官员援救他。这里我们必须为晚年退隐的王安石说一句好话。苏东坡被抓进御史台以后，王安石亲自上书给皇帝，反对杀他，说这样的人才不能杀，不管怎么样都不能杀他，也有其他人上书反对杀他，但是最起作用的并不是王安石，而是当时的太皇太后。有一天宋神宗上朝回来时脸色不好，太皇太后看到孙子脸色不好，问他为什么，是不是朝廷里事情不顺利。宋神宗说：是不顺利，我们的变法不顺利，推行新法受到很多阻力，很多人反对，特别是有一个叫苏轼的人还写诗讽刺我们。太皇太后一听，说：是不是苏氏兄弟二人中的一位啊？皇帝说：是啊，祖母你在深宫里怎么知道这两个人的名字呢？太皇太后就说：你的祖父做皇帝的时候，有一天退朝回来时非常高兴，问他为什么高兴，他说今年我们朝廷开科举士，录取的考生中有两个从四川来的苏姓人，非常了不起，现在还年轻，将来可以做宰相的，留给我的子孙做皇帝的时候再提拔他们，所以我就记住他们的名字了。太皇太后就问宋神宗：现在这个苏轼在哪里呢？宋神宗说：正关在牢里。她说：这么一个人才怎么关在牢里啊，写诗讽刺也不至于犯死罪吧，你不要严惩他。又过了一阵子，太皇太后生病了，皇帝要大赦天下，来帮太皇太后挽回寿命，于是皇帝说：我要大赦天下。太皇太后就说：不需要大赦天下，你放了苏轼一人就行了。

但宋神宗还是怀疑苏东坡，是不是反对我呢。他就决定派一个小太监到监狱里看看，于是就发生了下面这件事：苏东坡豁达的性格使他在任何处境下都能睡得着觉，这一天苏东坡在牢里接受了一天的审讯，晚上非常疲倦地回到牢房，回到牢房就睡了。突然门开了，走进来一个年轻人，也不说话，把包裹放在地上当枕头也倒下来睡了。天快亮的时候，这个年轻人爬起来把苏东坡推醒，说恭喜学士，说完就走了，原来这个年轻人就是宋神宗派来的小太监。小太监回到宫里跟皇上说，这个人心里一点鬼都没有，他肯定没干什么反对皇帝的事，他心里坦荡才能睡着，所以宋神宗最后赦免了他。

我在这里补充一点，能睡觉也不总是给苏东坡带来好处的。他晚年被贬到惠州，因为是朝廷的犯人流放到那里，在当地都没有房子住，一会儿住在寺庙里面，一会儿借住在别人的房子，第三年才开始自己造房子。他住在寺庙的时候，没有空房子给他住，他只能住在一个亭子里面，幸亏惠州那个地方比较暖和。第二年的春天他写出了"报道先生春睡美，道人轻打五更钟"，诗是什么意思呢？宋代称和尚、道士为道人，就是说和尚本来五更就要敲钟的，但是大家都说苏东坡先生睡得美呢，大家轻轻地敲钟不要吵醒了他。不到一个月，这个作品已经传到汴京去了。汴京那些打击他的人，其中有个当朝宰相叫张根。张根跟他是同一年考上进士的，在打击苏东坡上面，最出力的就是张根，因为他知道苏东坡的才华，他怕苏东坡日后成为他的竞争对手，所以当他看到苏东坡的这首诗时，当时就说好啊，到了惠州还能春睡美，一下子就把苏东坡贬到海南岛去了，所以有时候能睡觉也会给他带来坏处。

我们讲到苏东坡处在逆境时的生活态度，应该承认苏东坡并不是一天到晚乐呵呵的。你看他在"乌台诗案"被逮捕的时候，路过太湖他就想自杀，他当时是有点灰心和绝望。进了御史台以后，有一阵子他也非常悲观。进去之前他跟儿子苏迈约定，儿子天天给他送饭，过了一个多月，苏迈的钱不够了，他找到自己的朋友，让朋友第二天给父亲送饭。他的朋友想：苏迈是我的好朋友，他的父亲现在在坐牢，我要送点好吃的。第二天他专门去买了一条鱼，放在饭盒里送进去。苏东坡一看送进来的是一条鱼，想着朝廷要杀我了，所以苏东坡写了两首七言律诗，在他的文学作品中，没有比这两首写得更凄惨的了，他以为是绝命诗，一首写给他的弟弟，一首写给他的妻子和孩子们，诗里都说到死了以后葬在哪里，所以苏东坡也有过精神低沉的时候。

他出狱以后先到黄州，后来到惠州，最后到儋州，受到这么多的打击，但他在委屈和打击面前，不悲观，不放弃，坚韧而旷达。我们在他的作品中也能读到他的心情轨迹。比如说《后赤壁赋》，他写于寒冬腊月，他跟几个朋友到赤壁，几个朋友都留在船上，他一个人爬到赤壁山上，那么寒冷的夜晚，他一个人爬到赤壁山上去干什么？《后赤壁赋》里写得很清楚，"悄然而悲，肃然而恐"，因为他的心情不好，他有一种孤独感，很多朋友怕被牵连都不跟他来往了，朝廷里的人还在继续迫害他，还在搜集他的罪证，他有委屈感，他也感到郁闷。但是苏东坡是怎么表现的呢？他没有从赤壁山上一跃而下，而是过了一会儿回到船上，还写了一篇《后赤壁赋》，所以他在逆境中，用坚韧和旷达的态度来对付一切，以不变应万变，有了这样一种精神境界，有了这样一种人生态度，他就无往而不胜。

尽管苏东坡的好诗好词不计其数，但是我最想推荐给大家的，是他在黄州写的《定风波》。苏东坡到黄州以后生活困窘，因为那时候是罪官，收入很少，全家连佣人在内一共有二十几口人，他养活不了全家。他为什么会叫东坡居士？原因在于他在黄州东边的山坡上开荒，第一年种小麦，第二年种水稻，用以养活全家，后来还在上面盖了几间房子，自称为东坡居士。第三年觉得田地不够用，养活不了全家，于是想到离黄州20里的地方去买一块稻田，他和几个朋友去买地，去的途中遇到风雨，没有买成地，但是催生了那一首《定风波》，"莫听穿林打叶声，何妨吟啸且徐行"，他说我平生经历过的风雨太多了，风雨总会过去的，他最后说"回首向来萧瑟处，归去，也无风雨也无晴"，任何事情过去以后再回头看，既没有风雨也没有晴，一切都归于平淡。

苏东坡在逆境中就是以这样一种人生态度走过的，当时的人都把海南岛看作鬼门关，十去九不回，流放到那里的人没有活着回来的，但是苏东坡就回来了。我曾找到两个人的记载，他们都在苏东坡的归途中看到他，说他当时面色如土，头发都脱掉了，但是精神上依然健康，依然谈笑风生。

请大家多去读读苏东坡的作品，你从中汲取营养，你学习他的人生态度，那么尽管我们是芸芸众生，却依然过得更加精彩，走得更加坚定，我想这是苏东坡留给我们最大的精神遗产。

宋国晓

现任北京建设大学古建筑学院院长、北京建工学院设计研究院古建艺术研究所所长、北京古建艺术设计研究中心主任等职。致力于古代建筑的保护、设计、研究、教学、施工管理等工作，曾在国内外参与主持过多项大型古建项目。

漫谈中国古建筑文化

宋国晓

  中国古建筑是一门综合性很强的学科，它是中国文化的载体，就像车和船一样，里面装载着很多历史文化艺术兴衰。随着历史的变迁，建筑也在随时发生着变化。

  中国古建筑分为：（1）宫廷建筑，如北京故宫和沈阳故宫。（2）坛庙建筑，如天坛、地坛、月坛、先农坛、先蚕坛、祈谷坛等。一般的文学家和画家，都不爱把自己称为"匠"，可是往往登了"坛"以后，成为文坛巨匠、画坛画匠，这时候才愿意称"匠"，达到一定高度以后才能称"匠"，所以天坛、地坛、日坛、月坛等，这些坛庙建筑是理智的建筑，是等级制度的建筑形式。（3）园林建筑，分为私家园林和皇家园林。北京的颐和园、承德的避暑山庄就是皇家园林，体现了皇帝至高无上的尊严，气势比较恢宏。皇家园林里很多精髓部分来源于私家园林，苏州的留园、拙政园，扬州的何园、个园，都是中国园林史上影响力很大的园林。（4）宗教建筑，分佛教、道教、伊斯兰教，不同时期、不同地域的宗教建筑也不一样。（5）民居建筑，包括南方民居、北京四合院、中原民居等。此外，还有陵墓建筑、商铺建筑等。

我今天从几个方面来谈中国古建筑：中国古建筑的基本概况；中国佛教的建筑文化；风水与中国古建筑；中国古建筑营造学之路。

一、中国古建筑的基本概况

首先，中国古建筑的基本建筑形式、中国古代模式制度和中国古建筑彩画，是概况的一部分。中国古建筑的形式多种多样，归纳起来就是硬山式、歇山式、悬山式、庑殿式、攒尖式。咱们一一来看。

硬山式建筑是从明代开始出现的，随着砖的大量使用，砖砌墙可以直接砌到屋顶上，这才有了硬山式建筑，很多早期的四合院都是硬山式建筑形式。

北京的天安门城楼就是歇山式建筑。为什么叫歇山呢？其实它是庑殿建筑形式和悬山建筑形式的复合体，就是拿一个悬山式建筑砌在庑殿式建筑之上，就叫歇山式建筑，也叫九脊殿，顾名思义就是有九条脊，一条正脊，四条垂脊，四条戗脊。宗教建筑的主体建筑，像大雄宝殿，一般采用歇山式建筑。其实中国历朝历代等级制度森严，什么等级的人住什么等级的房子，过去人家说中国是几百年的封建社会，其实什么叫封建？封建应该是分封建国，建的是等级制度礼仪观念，所以过去不同等级的人住不同等级的房子，这就是一种等级制度礼仪观念。

悬山式建筑跟硬山式建筑的区别在于山墙悬出，搏风板悬出山墙之外，悬出断面柱子四椽四当的距离。这个建筑的等级不是很高，一般用在宫殿建筑的附属建筑。

庑殿式建筑等级比较高，像故宫的太和殿就是重檐庑殿式建筑，用纯黄的琉璃瓦，只有皇家才能用，而且这个建筑是建在三层的凸字形基座之上。重檐庑殿式建筑是等级最高的，庑殿式也叫五脊殿，顾名思义有五条脊，一条正脊，四条垂脊。

还有一种攒尖式建筑，攒尖式分为四角攒尖、五角攒尖、六角攒尖、八角攒尖、圆攒尖，天坛的祈年殿算是攒尖式建筑，也是等级最高的。祈年殿也是个复合式建筑，跟故宫角楼性质一样，九梁十八柱七十二条脊。

中国古建筑有一种特有的结构叫斗拱，宋代时期叫铺作，因为斗拱有很多层，一层一层铺的做法就叫铺作。铺作在不同的位置名称也不一样，在柱头之上叫柱头铺作，在转角位置叫转角铺作，在两个柱子之间叫柱间铺作，后来到清代才开始叫斗拱。为什么提斗拱呢？咱们看一看斗拱的作用，斗拱作为大型或较大型的建筑柱子与上梁之间的过渡部分，承受上部梁和屋面的压力，并将其转移到柱子，乃至基础上，有着承上启下的功能。斗拱在屋檐下，可以保护柱子、墙身等不受风雨侵蚀。斗拱另一个很重要的作用是防震，斗拱柱缝之间的木构件的连接像弹簧一样，可以分散地震波。另外，斗拱还有装饰作用。

我接下来讲中国古建筑中的彩画，有一种说法是"三分建筑七分彩"，过去的画匠被称为"先生"，在工匠行业之中是等级比较高的。中国古建筑中的彩画有什么作用呢？第一，中国古建筑都是木结构，它起了保护木结构的作用。第二，美化和装饰作用。不同的建筑都要美化一下。第三，体现建筑等级的作用。彩画也有等级，中国古建筑彩画有雕梁画栋，其实雕梁画栋是分为南方和北方，南方雕梁，北方画栋。一般南方地区的气候比较潮湿，画上彩画时间长会掉，所以用木雕的形式去体现，有砖雕、石雕、木雕。北方的中南地区，和苏州的一些地区，古建筑上是彩画的。

中国古建筑彩画的传承在中原地区，随着蒙古的铁骑踏进中原，宋朝南迁，迁到杭州这一带，建立了南宋，也就把中原地区的彩画工匠也带进了江南地区，苏州忠王府里面的彩画，就是中原地区现存的彩画形式。中原地区本土的彩画继续在发展，另外，金国把一部分工匠带到了北京，加上元明清三代对北京地区的彩画的传承和发展，形成了北京地区的所谓的官式彩画。官式就是唐宋以来的建筑技术，继承了江南优秀的做法以后，形成了一个最标准最能代表中国古建筑做法的做法。后来梁思成先生将它定位为官式彩画。

官式彩画到了清代的中晚期以后，形成一种等级制度，中国古建筑的官式彩画分为三类：最高等级的是和玺彩画，现存最早的彩画就是辽代护国寺的彩画，也是和玺彩画，故宫的主要建筑也是和玺彩画。和玺彩画也分不同的等级，分为金龙和玺、龙凤和玺、龙草和玺，甚至和佛教结合的图案彩画。金龙和玺的等级比较高，一般用在宫殿建筑及主体建筑，早期天安门城楼上是龙草和玺，后来改成了金龙和玺。

第二等级是旋子彩画，以前叫学子彩画，后来是梁思成先生改的，旋子彩画一般用在寺庙建筑的主体建筑。旋子彩画也分为不同等级，最高等级是金的，不同的建筑，要放置不同的彩画，不然的话会越制。我们现在所看到的天坛祈年殿的彩画图片都是现在的，20世纪70年代以前的祈年殿都是贴满纯金的，为什么改成现在的这个图案了呢？因为在20世纪70年代，国家没有钱，只能改成现在的图案，到现在一直改不过来了。

第三种是苏式彩画，苏式彩画又分金琢墨苏画、金线苏画、黄（黑）线苏画、海墁苏画等，四合院的主体一般是海墁苏式彩画。

天坛祈年殿是中国古建筑中比较有代表性的建筑。祈年殿修缮后的龙有坐龙和升龙等，中国传统文化跟龙是息息相关的，你看彩画里面有不同造型的龙，有升龙、有降龙、有走龙、有坐龙，《易经》中也有"潜龙勿用，见龙在田，飞龙在天，亢龙有悔，群龙无首"，中国古代的龙文化跟古建筑彩画应该有很多相通之处。

多尔衮王府的彩画是金龙和玺彩画，多尔衮是清朝初期八大铁帽子王之一的摄政王，为清朝的建国立下了汗马功劳，所以在王爷府里面我们看到特殊的建筑现象，你可以看到三层橼子，在中国的建筑里面三层的橼子不多，一般都是两层：一层老檐橼，一层飞橼。

在彩画中，也有很多吉祥的图案，如冠上加冠、加官晋爵、金玉满堂、三阳开泰、鱼跃龙门、一品当朝、玉堂富贵、锦上添花等，其中蕴含了大量传统文化的思想，并且跟随着时代进行变化。

二、中国佛教的建筑文化

中国的传统文化，在不同的时期体现了不同的包容思想。佛教在中国真正的兴盛时期是北魏，"南朝四百八十寺，多少楼台烟雨中"就是说南北朝时期南朝有480个寺院。那北朝有多少呢？光是洛阳一带就有3000多座寺院，要远远高于南朝的寺院。

在不同时期不同地域佛教出现了不同的建筑形式。河南安阳是中国八大古都之一，殷墟的所在地，安阳有悠久的佛教文化。在安阳正在兴建一个佛教建筑群，代表着佛教建筑的一些特点。最前端是一个四柱七楼的牌楼；山门是一个单檐歇山式建筑，彩画用的是墨线镶嵌金；天王殿是绿琉璃瓦的单檐歇山式建筑，彩画用的是墨线带点金；大雄宝殿是一个重檐歇山式建筑，内檐上边是天花藻井，藻井是中国古建筑中，等级高的建筑中的装饰部位，两墙的壁画采用了明代法海寺的形式；观音阁是纯木结构，用了好几千方木材，其中四个龙顶柱，每根都有 18 米；禅堂是重檐歇山式建筑。

中国的塔也是一种佛教建筑。人们说"救人一命胜造七级浮屠"。什么是浮屠？浮屠就是塔。释迦塔，也叫应县木塔，建于辽清宁二年（公元 1056 年），是中国现存最高最古的一座木构塔式建筑。释迦塔塔高 67.31 米，底层直径 30.27 米，呈平面八角形。经历了上千年的沧桑岁月，而且经过无数次的地震，经受过无数次战争的洗礼，现在还能保留。这个建筑斗拱的形式就有 54 种之多，现在是国宝级建筑。

三、风水与中国古建筑

"风水"一词最早在东晋时期出现，过去大到皇廷宫苑，小到老百姓的房子，都跟风水是息息相关的。风水就是八卦里边的两卦，坎卦和巽卦，坎为水，巽为风。

现在说北京城的位置，是从北京元大都的都城位置开始的，那么在此之前在哪儿呢？有一个地方叫莲花池，西二环广安门往西，那个位置早期是金中都的位置。元朝忽必烈攻打金中都，把金中都毁得很严重，后来他想在这个地方建都城，找了一个谋臣叫刘秉忠，刘秉忠的一个徒弟叫郭守敬，他重新规划了元大都的建筑形式。当时他规划元大都的时候，为什么没有在原来的位置建呢？他考虑了一个问题，水源的问题，莲花池的水系已经不能满足一个大都市的发展建设，后来元大都是以高粱河水系的琼华岛为中心建的。当时元大都建了十一个城门，修建元大都还有一个很重要的思想，用的是《周礼·考工记》里的一个思想，《周礼·考工记》中有句话："匠人营国，方九里，旁三门。国中九经九纬，经涂九轨……内有九室，九嫔居之。外有九室，九卿朝焉。"什么意思呢？工匠建城，方九里，一边三个门，城中有九条横的马路和九条竖的马路，马路能并排走九辆马车。我们看北京的平面图，内九外七皇城四，就是说北京内城有九个城门，外城有七个城门，内城九门为：正阳门、崇文门、宣武门、安定门、德胜门、朝阳门、东直门、阜成门、西直门。外城七门为：永定门、左安门、右安门、广安门、广渠门、东便门、西便门。皇城四门为天安门、地安门、东安门、西安门。你看北京城的西北方向，往里面凹进去一块。有人说北京城早期的布局是按先天八卦布局，先天为体，后天为用。

故宫的三大殿，太和殿、中和殿、保和殿，其实是出自《乾卦》里边"保合太和，乃利贞"。在清代时期，皇帝住在太和殿、保和殿。太和是什么意思？太和就是最大的和谐，很多年前的皇帝就知道和谐社会。故宫的太和殿、中和殿、保和殿都建在三层的土字型须弥座上，为什么建在三层土字型的须弥座上？五行之中中央屋即土，所以主为土。故宫里面后宫的名字，乾清宫、交泰殿、坤宁宫，都是按《易经》起的。乾为阳，在后宫里算是阴中之阳。坤为阴，在后宫是阴中之阴。中间有个交泰殿，意为阴阳交泰，是天地清明、江山永固、国泰民安的意思。

中国古建筑，包括故宫等在内，都很有风水考究。

四、中国古建筑营造学之路

古建筑中的非物质文化遗产包括合龙口、龙眼点睛、大雄宝殿揭匾等。说起中国的古建筑，咱们不能不谈李诫，中国建筑师的祖师爷就是李诫，字明仲，河南人。这个人多才多艺，会绘画，会写字，懂音乐，甚至还懂医学。他更是一个伟大的建筑学家。为什么谈到李诫呢？咱们都知道梁思成和林徽因的儿子叫梁从诫，当年林徽因怀孕的时候正在看《营造法式》，所以为了表示对李诫的肯定，给他儿子起名叫梁从诫。还有一位叫朱启钤，1929 年，他自己出钱成立了一个中国民间学术团体，聘请了梁思成、刘敦桢、林徽因等人，中国人自己研究中国古建筑以此为开端，所以朱先生的功绩很大。

梁思成先生出生在日本，学成于美国，是享誉世界的建筑科

宋国晓教授在扬州讲坛开讲

学家。梁先生对扬州最大的贡献是设计了鉴真纪念堂。扬州鉴真纪念堂的设计图是手画的。用什么画的？鸭嘴笔。在那个年代，一张图要画好几天的，所以能用鸭嘴笔画出这样的图来绝对是高手。梁思成先生曾写过一首诗："登山一马当先，岂敢冒充少年。只因恐怕落后，所以拼命向前。"表达他奋力向前的精神。

罗哲文师从梁思成，当年抗日战争爆发，中国营造学社被迫南迁，跑到了四川宜宾李庄。当时在当地招募学员，罗哲文先生的字写得很好，于是就报考了中国营造学社。罗老从事中国古代建筑工作70多年，他的贡献是非常伟大的。

我说过一句话："中国营造学社在历史上具有不朽的价值。学社由朱先生创办，吸纳志同道合的人参加工作，没有政府的经费来源，靠学社自筹资金，开展中国古代建筑研究，难度相当大。在这种条件之下，从李明仲的《营造法式》开始研究，做了大量的调查研究工作，在我国当时留存的大量古代建筑测绘中，搜集了第一手资料，又创建了刊物《中国营造学社会刊》。抗日战争时期是一个难度很大的时期。如果没有李诫，就没有《营造法式》；没有《营造法式》，就没有朱启钤先生；没有朱启钤先生，就没有中国营造学社；没有中国营造学社，就没有梁思成、刘敦桢和林徽因；没有各位先生，就没有中国建筑史学当代建筑史学研究的开端。中国营造学社不怕艰苦的精神、严谨的科学态度、理论联系实际的研究方法，永远值得我们学习。"

林徽因是有名的才女，古建筑行业的人称林徽因是仙，她确实是我们这个行业的仙人。最后，我想用林徽因诗中的一句话结束今天的讲座："我的信仰，至诚，和爱的力量，永远膜拜，膜拜在你美的面前。"谢谢大家。

单霁翔

    清华大学建筑学院城市规划专业研究生，工学博士、博士生导师。高级建筑师、注册城市规划师。现任文化部党组成员、故宫博物院院长。

把壮美的紫禁城完整地交给下一个六百年

单霁翔

今天非常高兴能够来到扬州讲坛，扬州这座城市一直给我非常美好的印象，在过去的十几年里，我每年都有一两次机会到扬州来工作。无论是城市文化遗产的保护、考古遗址的建设还是文化景观的保护，扬州都在全国文化遗产保护领域领先。所以我们经常到扬州来汲取文化遗产保护的智慧和营养，特别是今天再次到来，我心里非常高兴。今天我想用这个机会和大家汇报一下紫禁城的保护的工作，我的题目是《把壮美的紫禁城完整地交给下一个六百年》。

一、故宫得天独厚的文化资源

紫禁城是 1420 年在永乐皇帝手中建成的，再过几年，紫禁城就要迎来它 600 岁的生日。昔日的紫禁城里曾居住过 24 位明清的皇帝。1925 年，紫禁城转化了新的身份，也就是成立了故宫博物院。故宫作为一个古建筑群，它一直保存到今天，是世界上保留至今最大规模的宫殿建筑群，也是世界上保留的最大规模的木结构建筑群。大家可以想象 500 多年的皇家禁区突然间打开了大门，向社会公众敞开胸怀的时候，无疑是一个重大的文化事件。当天究竟涌进去多少民众，没有详细的记载，但是历史中写到当天，当观众离去的时候，故宫的工作人员捡到了整整一筐被踩掉的鞋，也就是说有很多人在那一天看到对公众开放的博物院。故宫已经持续对社会开放 89 年了（2014 年），2015 年我们将迎来故宫博物院 90 岁的生日。今天的故宫博物院有很多文化身份，它是一个博物馆，是一处世界文化遗产，是一个著名的旅游目的地。为什么有这么多的文化身份？我认为主要还是它的文化资源决定的。

1. 气势磅礴的古建筑群

那么说到故宫的文化资源，我认为最主要的还是三个方面：第一个方面就是它的古建筑群。9000 多间建筑构成了一个气势磅礴的古建筑群。大家知道北京是一座古都，有一条明显的城市中轴线，从永定门到钟鼓楼，一共是 7.8 公里。在这条中轴线上最重要的一个虚实结合的依托就是紫禁城这座古建筑。北京城和其他历史文化名城不一样，像欧洲的一些历史文化名城最初建设的时候，是先建一个古堡，然后在古堡周围蔓延开来一些传统的民

单霁翔院长在扬州讲坛开讲

居。进入工业化时代以后，新建的一些城市往往把城市的中心视为寸土寸金之地，也是商务中心，高楼林立。但是北京因为有故宫和它周围的一些文物建筑，所以始终控制着城市的发展，也就是北京的城市中心地区是平缓开阔的，到二环路、三环路、四环路才逐渐地高耸起来。当然我就联想到我们的扬州，扬州的瘦西湖文化景观保护是最出色的，今天无论是荡舟瘦西湖还是漫步瘦西湖畔，都看不到那些侵入到古典园林里的一些突兀的不和谐的建筑。我觉得这是需要很大的控制力才能够决定的，它当然是一个持续的文化自觉的表现。

实际上在保护故宫的过程中，也不断地和城市建设之间进行博弈。今天我们的故宫保持着它壮美的建筑、严谨的形制、绚丽的彩绘和生动的空间，在故宫里行走，到处都是充满故事的地方。比如我们看电视剧，经常看皇帝坐在金銮宝殿里，或是坐在太和殿里，或是坐在乾清宫里上早朝，大家绝对不要相信，那只是戏说。因为明代的皇帝始终都是在太和门里上早朝，清代的皇帝是在乾清门里上早朝，其实他们也是很辛苦的，早晨要起得很早。这些精美的装饰、独特的色彩，我始终认为并不是因为油漆彩绘，而是陈年的文化积淀。总之，整个故宫构成一个和谐的文化景观，我想这是故宫的第一个文化资源。

2. 承载历史的文物藏品

第二个文化资源就是我们的文物藏品。故宫究竟有多少文物藏品？一共有1807558件套。为什么我知道呢？因为我们的前院长郑欣淼领导故宫的工作人员用了7年时间对故宫的文物藏品进行了一次最彻底的清理。我听说在清理结束总结大会上，台上台下不是一片欢笑而是一片哭声，大家认为这项工作终于完成了。我们把故宫的文化资源分为69个类别，25个大类。我列举其中的几类：第一类是绘画，故宫一共有53000幅绘画，大家熟悉的比如《千里江山图》《五牛图》《韩熙载夜宴图》《清明上河图》等。第二类是书法，一共有75000件，有大家熟悉的《兰亭序》《中秋帖》《伯远帖》等，也是我们重要的藏品。第三类是碑帖，一共有28000件，碑帖非常重要，因为历代帝王都延续书法，广泛地搜集名山大川的一些石刻上的文字信息，但千百年以后田野自然状态的一些石刻被损坏，真实的信息就保存在博物馆。这三类一共是156000件，这就是故宫博物院收藏的相对比较脆弱的珍贵的纸质文物的一部分。故宫博物院还是世界上收藏铜器最多的博物馆，共160000件，收藏有先秦铭文的青铜器也是世界上最多的，将近1700件。我们还有11000件金银器、19000件漆器和6600件珐琅器，这都是传世的艺术品。玉石器是故宫博物院收藏中的骄傲，它记载了中华文明五千年的一个完整的历史。我们收藏的陶瓷也是世界上最多的，一共367000件，绝大多数都是生产于景德镇的官窑瓷器。另外还有织绣，我到故宫博物院工作之前也没想到故宫能有这么多织绣。有多少件呢？180000件。后来我查阅资料，的确在江宁、苏州、杭州，当时官府设了江南三织造，最多的时候七千人为皇宫做服饰。我们还有11000件雕刻工艺，像象牙制品、寿山石等，我们还有13000件其他工艺品。故宫博物院有文房四宝，文具一共有62000件，数量也是比较大的。有一些留下的生活用品是非常有趣的，比如上百年的普洱茶，两米多长的象牙编制的象牙席，还有一些非常有意义的儿童玩具，因为以前有年纪很小的皇帝，也有一些轮船、军舰的玩具。故宫也是收藏外国文物最多的一座博物馆，故宫的这些藏品都是通过海上丝绸之路，或是通过和外国的礼节来往以及海外贸易等来的，所以搜集了上万件的外国文物，其中西洋钟一共有2200座，故宫也是世界上收藏西洋钟品质最高的一座博物馆，绝大多数来自英国，也包括瑞士、德国、法国的一些西洋钟。收藏宗教文物一共42000件，其中85%以上是佛教文物，有23000件佛教像，有7000多件祭法器，太和殿前庆典所使用的一些大型仪仗装备还有33000件。铭刻是藏品中最重要的一类，大家知道有文字的文物要比没有文字的文物重要，因为它直接诉说着历史，应该是我们国宝中的国宝，殷墟甲骨一共 23000 片，是殷墟甲骨收藏最多的博物馆之一。总之，这些藏品是故宫文物藏品的重要组成部分。

3. 逐年递增的游客人数

第三个文化资源，就是我们可爱的观众。2002 年故宫游客人数为 713 万，故宫当时是世界上游客人数第二的博物馆，第一是法国的卢浮宫。2011 年，我们的游客人数达到 1411 万，故宫成为世界上唯一一座游客人数超千万的博物馆，2012 年游客人数 1534 万，2013 年我们采取了半天闭馆的措施，使游客人数下降到 1456 万。

二、故宫文物修缮工程

2002 年到 2020 年，我们要历时 18 年时间进行文物修缮工程。现在很多文物建筑经过修缮后，已经重新合理利用起来。文物修缮能使建筑文物益寿延年，也使故宫的开放面积持续地扩大。2002 年以前，故宫的开放面积只占总面积的 30%，现在已经超过了 50%，明年（2015 年）的开放面积将超过 60%。

文物修缮既要保留历史信息不改变文物的现状，还要进行传统工艺的传承，所以是一项非常复杂的工作。古建筑的修缮不能作为一个普通的土木工程，而是要作为一个研究项目来对待，要作为一个传承百年大计来施工。当初建紫禁城时，都是从全国各地汇聚的最好的建筑材料，金砖、琉璃瓦。还有一些木材等，今天都难以寻觅了，比如修武英殿时，居然一根梁也找不到，最后用钢结构来代替了梁。另外就是工匠，过去在紫禁城，工匠的手艺都是一代一代传下来的，但今天呢，工人可能三个月前还在收麦子，就被召进了太和殿，他们手里也没有这种传统的技艺。如果修缮几年以后又出问题的话，我们就没办法对得起紫禁城的辉煌的古建筑，所以一定要把每一座古建筑的修缮都作为科学研究和传统技艺传承的课题才行。

　　乾隆花园是乾隆皇帝改建宁寿宫时所建的花园，也叫宁寿宫花园。乾隆花园的修缮工艺非常复杂，预计2019年才能修缮完成。我们对整个乾隆花园的修缮制定了详细的计划，每一道工序都进行充分的研究，比如顶部的修复、内沿的修复、镶嵌工艺技术的保护、牌匾的保护、染料的恢复和保护，以及一些丝织品和纸制品的替代品，做成之后与原来的品质相当等问题。乾隆花园最后一栋建筑叫倦勤斋，在紫禁城的古建筑群里非常不起眼，甚至从地图上看不到它，但是建筑内部非常复杂，那么小的一个房子里，地面铺的是金砖，整个梁架是紫檀，绣品是双面绣，梁架上和窗户上镶嵌着上千块的和田玉，室内有一个小戏台，小戏台都是金丝楠木仿竹子制成的，屋顶是一个空景画，但是这个空景画，是用一种特殊植物做在纸板上面，只有在安徽的山区里才有这种植物，于是我们的专家又到安徽的山区里找这种植物，找可以用这种植物做纸箱的传承人，然后经过多年的研究才恢复了传统的工艺，把同样的纸板做好运到了紫禁城。

我们对文物建筑开始改变思路，我们把每一项工程都变成了科学研究的工程，我们开始进行文物建筑的普查，列出每一栋建筑需要解决的关键技术问题。比如御花园的石子路，这些小石子遍布御花园的各个角落，形成花鸟鱼等图案，中间这些石子路的修缮大概需要 5 年时间，因为每一块石头都要选合适的颜色和形状，然后加强预防性修复。比如寿安门的保养修复，建筑的彩绘脱落了，修复过程不是简单地彩绘油饰，而是最大限度地保留历史信息，我们采取离子喷射的技术，这种技术可以调节喷射的强度，我们将彩绘上面的污渍清理掉，然后封住，这样就能保留更多彩绘的历史信息。

我们现在在向杂草宣战，让古建筑群上没有杂草，因为这些杂草拔长会使地面松动，这样雨水就会渗透下去，我们的梁柱就会受损。第二就是环境的综合整治，比如对散落各地的石刻、石碑等进行清理，建造一个石刻园区对社会开放，再比如这些门窗，我认为门窗也是非常重要的文物，携带很多历史信息，不应该被堆放。

2013 年国务院批准了"平安故宫"工程，这个工程来之不易，是经过提炼很多教训总结，正式向国务院写报告获得批准的。"平安故宫"工程能解决七大隐患。第一隐患就是火灾隐患，这是放在头位的，因为木结构建筑群最怕火；第二隐患就是盗窃隐患；第三隐患就是震灾隐患，华北地区还是有地震的，有时候还有强震，我们的文物太多，每一件都要很好地防震；第四隐患就是藏品自然损坏，不能因为文物多就不珍惜，或者就藏而不露；第五就是库房的隐患，很多文物得不到很好的保管；第六隐患就是市政管道，过去的紫禁城六七种管线，现在十七八种管线，必须彻底解决这些问题；最后一个隐患就是游客的安全隐患。

故宫博物院建院以后，最大的损失是在1987年，雷击景阳宫着火，烧掉了一座宫殿，所以我们现在不断地更新防雷的设施。2013年故宫博物院开始禁烟了，这在故宫博物院是件大事，现在工作人员戒烟都成功了，关键是观众，观众抽烟，我们没有办法罚款，只能劝阻不能抽烟，宣传是很有限的，媒体的宣传也是很有限的，抽烟的人还是很多，后来我们采取了强制戒烟，打火机、火柴这样的火种不能进故宫。

故宫有上百万件文物亟待保养和修复，西城墙和西金水河的中间有一座建筑，宣统年间被烧毁了，这地方民国期间一直堆垃圾，现在我们把这些垃圾进行清理，然后申报到联合国教科文组织，申请恢复历史景观，联合国教科文组织批复了，于是2013年年底正式开工了，修缮以后就完全对公众开放。我观察每天涌进去的大量的人流，究竟有多少人认为这是博物馆？我觉得绝大数人把这当作一个旅游景点，没有感受到博物馆的文化氛围和气息。那么其实故宫的展览很有特色，很多文物当年就是为这个空间制作，今天还放在这个空间，这些文物只有在原生地的时候才

单霁翔院长在扬州讲坛开讲

最有尊严。

午门是我们的正门，午门上面有个展厅，迎接了来自世界的许多展品，效果非常好，但是就是面积太小，展厅只有八百平方米，我们现在正在修缮两边的雁翅楼，过去的雁翅楼是库房，现在把这个库房重新进行装修，明年（2015年）雁翅楼整体开放的时候，它就是世界上独一无二的大型展厅。另外我们要继续扩大开放，我们准备明年（2015年）把故宫西部开放，西部从来没有开放过，所以显得很神秘。这个地方也被称为女性的世界，过去皇太后、太妃、嫔妃等都住在这边。宫里的女性比较有时间，所以那些花园、佛堂特别多。寿康宫，是乾隆皇帝为他母亲建的寝宫，我们准备把它的原状恢复，如果人们能够正确地了解那个时候后宫的生活，也是对一些不负责任的电视剧内容的拨乱反正。

东边的东华门，过去一直是库房，我们修缮后准备把它建成故宫博物院的古建筑馆。故宫毕竟是世界最大规模的古建筑，但还没有一个专馆展示故宫的古建筑的一些风貌和文物。我们有将近5000件古建筑文物，保存的圆明园的成套烫样也是非常珍贵的，这些烫样是在英法联军烧毁圆明园之前制作的，所以它是最真实的一些信息。我们还计划开放城墙，因为观众还没有机会登上城墙，从城墙上看紫禁城会有一个不同的感受。

三、给游客最好的参观体验

过去游客要拼命地挤1小时才能买上票。买到票已经筋疲力尽了，拖着疲惫的身体还不能进去，还得经过验票、安检，进去以后就没有心情和体力参观了，所以我们要彻底改变这种状况。我们首先对广场的小商小贩进行清理，把商业广场变成文化广场，然后对房子进行系统修缮，目的就是卖票。我们采用人海战术，熟练的售票员一字排开，把整个广场变成售票处，总共30多个窗口，保证5分钟左右就可以买到票。售票处旁边有一个游客服务中心，游客可以进去咨询一些事情，大家可以选择1小时路线、2小时路线、3小时路线，参观展览以及参观古建筑。另外，有需要的观众可以领取婴儿车、残疾人车、老年人车，不收费，出门的时候放在那里，我们拿回去统一消毒，再循环使用。以前游客随意坐在地上，满广场都是人，现在我们做了200多把椅子，每把椅子能坐3个人，围着大树一圈也安装了椅子，能坐12人，一共有56个树坑，又能坐600人，现在没有人坐在地上了。

还有一个问题，就是厕所排队问题，尤其是女性在排队，男性也得在旁边等着，于是我们也做了调整，设立更多女厕所，现在这个问题也解决了，没什么人排队了。午门广场一共有三个门洞，以前是买票的观众走两边的门，贵宾走中间的门，我觉得太不合理了，现在门都打开了，所有的人都可以走任何一个门，有想享受皇帝的待遇的就走中间的门。现在的故宫也不许车辆进入，大家都很遵从，故宫是人民的故宫，是每个人的故宫，不是个别人的故宫。另外我们不断地改进自动讲解器，故宫的自动讲解器我认为是全世界最好的，我们的自动讲解器有40种语言，包括民族语言。

故宫的官网也是世界上最强大的博物馆网站，每一天的点击率都在100万人次以上。我们现在正在进行两个方面的提升：一是把英语解说做得更好，因为越来越多的外国人登录我们的网站，我们要把英语写得更加通俗。二是把网站做得更加有吸引力，把越来越多的藏品，通过网络清晰地传递给公众。

故宫是一个科学研究单位，我们所有文物展览都要有科技支撑，2013年10月成立了故宫研究院，故宫的研究学者是全国最多的，350名高级职称的研究人员，190名在职，160名退休被返聘人员。我们希望故宫是一个透明的公开的文化机构，每个人都享有对它的知情、管理、参与、受益，所以我们公布了内部的规章制度，共 114 条，就是让大家觉得故宫是大家的故宫。故宫讲座将在所有高校持续地展开，我们的展览也和越来越多的国际博物馆建立合作关系，我们也引进外国的展览，我们的展览也到世界各地去，结论就是我们要把一个壮美的紫禁城完整地交给下一个六百年。谢谢！

阎崇年

现任北京社会科学院满学研究所研究员、北京满学会会长、中国紫禁城学会副会长，著名历史学家，央视《百家讲坛》主讲人。

康熙大帝与路易十四——中西文化的交会

阎崇年

　　17 世纪下半叶到 18 世纪上半叶，我们打开世界地图，影响人类历史格局的主要有三个人：俄国的彼得大帝、法国的路易十四和中国的康熙大帝。

　　彼得大帝被奉为俄国的英雄，无论是苏联，还是现在的俄罗斯，都对彼得大帝在历史上促进的发展和强大，抱着尊敬和敬畏的态度。法国人把路易十四尊称为"太阳王路易十四"，就是说路易十四在法国像太阳一样，散发着光热。康熙大帝在位 61 年，那个时期的中国比较强大，国土面积达 1300 多万平方公里，北到库页岛，南到曾母暗沙。

一、素未谋面，志趣相投

2011 年 11 月，在中国台北举行了康熙大帝与路易十四的文物展，同期举行了一场大型的学术研讨会，很多专家都把这两位皇帝进行比较。

在那段历史时期，亚洲最强大的国家就是中国，中国是当之无愧的亚洲王。其他国家的兴起，第一个高潮是荷兰、葡萄牙、西班牙；第二个高潮是法国、英国、美国；第三个高潮是俄罗斯、德国、日本。中国在康熙大帝时期，正好是第一个高潮落下，第二个高潮还未兴起。正是在这个历史时期，出现了彼得大帝和康熙大帝、路易十四这三个人。

我今天着重讲康熙大帝与路易十四，我把康熙与路易十四作比较，发现他们有很多共同点。

第一，都是幼年继位。康熙 8 岁继位，路易十四 5 岁继位。

第二，都是多种血统，康熙有汉族、满族、蒙古族三个血统，汉族血统占 50%，满族血统占 25%，蒙古族血统占 25%，所以我说康熙有汉族文化中的韬略，有草原文化中的大度，有满洲森林文化中的勇敢，他把这三种文化的优势集合到一起。路易十四有法国、西班牙、意大利三个血统，同样，路易十四也把法国、西班牙、意大利的优秀性格集中在一起。

第三，父亲都去世得很早。康熙 8 岁丧父，路易十四 5 岁丧父，所以他们必然是母后辅政。但康熙的母亲在他两岁时就去世了，所以由祖母孝庄皇后辅政，孝庄皇后对中国历史的贡献太大了，康熙的成功，他的祖母起了很大作用。路易十四是由他的妈妈安娜代他执政。

第四，都遇上权臣专权。康熙面对以鳌拜为首的宰相专权，路易十四也同样面对马扎然控制着整个朝政，两个人都是用机智的手段，扳倒专权大臣，获得实权。有一次，康熙召鳌拜觐见，对鳌拜坐的椅子做了精心的设计，本是四条腿的椅子被折断了一条腿然后又粘上了，有武功高强的侍卫扮成太监在鳌拜身后帮衬着扶着椅子，以免被鳌拜坐栽了，然后端给鳌拜一杯滚烫的茶水。当鳌拜接过茶杯准备喝的时候，因为被烫到了，然后身子一斜歪向椅子断腿的一侧，于是直接栽到地上了。摔杯子是对皇上的大不敬啊，于是几个侍卫都扑向鳌拜，终于将鳌拜捉拿起来。康熙比较仁慈没有杀他，把他软禁起来，入狱后的鳌拜非常气愤，结果在狱中不到两个月就气死了。

第五，都是在年轻的时候大婚。康熙14岁大婚，路易十四稍晚一点，路易十四大婚时坐着我们中国的那种轿子。

第六，路易十四和康熙都有一个特点，就是都很英俊潇洒。康熙的身体很好，年轻的时候从来都不生病，他能拉开好多武将都拉不开的弓，他在蒙古检阅军队的时候，骑着马射箭，三箭三中，很多王爷都不行。而路易十四呢，据史书记载，女士见了路易十四都为之倾心，而且路易十四非常有礼貌，见了女士会把帽子摘下行礼，女士见了都心花怒放，这是人格的魅力啊。

第七，都很孝顺。大家知道康熙是大孝子，他的母亲死得早，他对祖母非常孝顺。孝顺到什么程度呢？今天我们听起来都感动。他的祖母生病了，胃口不好，吃不了东西，康熙就亲自给祖母熬粥，熬了40多种粥，让他祖母喜欢什么就喝什么。他是皇帝啊，群臣都要跪拜的，他却能为祖母亲自熬粥。在祖母病重时，他就守在祖母床前，铺一个毡子，晚上就在那儿睡，白天，他坐在地上批示文件。祖母去世以后，他就在皇宫的院子里，搭一个帐篷，地下铺个毡子，守孝守了27天，连文件都是在帐篷里批示的。祖母病重期间，他想为祖母祈祷，订好了时间要到北京的白塔寺祈祷，临走的时候突然狂风暴雨，侍卫说等一会儿再走吧，康熙说不行，于是冒着狂风暴雨到白塔寺给他的祖母祈祷。前两天我看到一篇报道，儿子不扶养妈妈，规定好的扶养费也不给，妈妈到单位去找儿子，这个儿子当众打他的妈妈。儿子怎么能打妈妈呢？我们现在对孝宣传得太少了，过去你如果不孝，是不可以考进士的。路易十四对他的母亲和子女也是特别好，尤其对他的子女非常疼爱。这又是他们相似的地方。

第八，治国战略上两人都率队亲征。康熙平定三藩之乱，三次亲征噶尔丹。清朝皇帝只有康熙一个亲征过，因为康熙的功劳，加上后来雍正、乾隆等的努力，才建立了清朝1300多万平方公里的帝国。路易十四率队亲征同西班牙打仗，把西班牙打败，奠定了法国在欧洲国家中大国的地位，从路易十四开始，法国才成为欧洲的强国。

第九，康熙好学，路易十四也好学。康熙的好学，不客气地说，会令我们所有人感动。康熙5岁开始读书，69岁去世，用四个字形容这60多年，就是手不释卷。一生写了1147首诗，到老了还能背诵《论语》《大学》《中庸》《孟子》等书。有一次我在一所高校演讲，有一个同学跟我说，他认为康熙的1147首诗水平并不高，比李白、杜甫的诗差得远。我告诉他康熙的母语是满语，他要把满语转化成汉语，还要有押韵对仗等很多讲究，已经很不容易了。

第十，康熙一生都在亲政，我们知道，康熙在乾清宫亲政，冬天的乾清宫零下20℃，门敞着，只有一个炉子能烤烤手，夏天的乾清宫高达40℃，康熙几乎天天亲政，每天早上准时来到。那么路易十四的政事活动也多是御前会议。

十一，康熙设立了南书房，招来了一批汉人，和他们切磋诗、词、歌、赋、书法、画画等。路易十四也是，大力奖励作家、艺术家，法国文学在路易十四时期是公认的全盛状态。

十二，他们都大兴土木。康熙建畅春园、避暑山庄，后来又开辟木兰围场，路易十四兴建扩建凡尔赛宫，我们到法国一定要看看的凡尔赛宫。

十三，康熙晚年，有人建议他喝点葡萄酒，他开始并不相信，后来有外国老师当他的面喝，喝完以后请他尝一尝。康熙喝了一段时间，觉得实在是好喝，活血保健还提神，康熙就通知各

阎崇年教授在扬州讲坛开讲

地的总督、巡抚往朝廷里进贡葡萄酒。路易十四也喝葡萄酒，这也算两人的共同之处了。

十四，康熙对各民族都是尊重的，不仅是满族，还兼顾汉族、蒙古族等其他族群的利益。路易十四也很重视整个法兰西民族，他比较注意法兰西民族的融合，从而形成一个整体力量。

十五，两人都喜欢旅游。大家都知道康熙每年都会去承德避暑山庄，他还六下江南。而路易十四疯狂地喜欢狩猎。

十六，两人都喜欢戏曲音乐。康熙专门成立了南府戏班，现在北京的南山街南口，当时的戏楼都在，路易十四也是非常喜欢音乐。

十七，两人都注重文化。因为路易十四时期的文化奠定，巴黎现在是世界艺术之都。康熙也重视文化，《康熙字典》《全唐诗》都是康熙年间编校的。

十八，两人都重视科学。康熙建造了科学院，就在畅春园，但是很遗憾，康熙去世以后，这个事情就中断了。路易十四成立了法兰西科学院，现在这个皇家科学院一直延续下来。

二、合力促进中法交流

中法两国之间的交流，在康熙大帝和路易十四时期的确是空前的。康熙四年（1665），法国用法文出版一本图书是介绍中国清朝的。康熙五年（1666），法国成立法兰西科学院，比我们早一步。康熙十二年（1673），路易十四在法国建瓷作坊，仿照中国制造瓷器，一些建筑中也开始出现中国元素。

清朝康熙年间的珐琅和明朝时期的景泰蓝不完全一样，珐琅是把西方一些技术又引进来，中西结合，就变成了珐琅。

康熙和路易十四之间有书信来往，路易十四给康熙的信被俄国拦截，没有到康熙手里，康熙给路易十四写的信，到了路易十四手里，现在存在法兰西的档案馆里。

还有一个重要事情，中国原来的地图都像方格一样，康熙把西方的测绘地图引入中国，先在北京地区定点测绘，然后再开始测其他地区。康熙五十七年（1718），整个中华地区测绘完成，《皇舆全览图》是中国第一幅经过实测绘画出来的地图。

三、中国海洋文化将迎来新发展

我认为中国文化分为四种类型：中原的农耕文化，西北的草原文化，东北的森林文化，沿海的海洋文化。这四种文化有史以来一直延续到现在，海洋文化始终没有占主体地位，占主体地位的一直是中原的农耕文化，在中国有史书记载的三千年里，第一个一千年矛盾，最主要就是中原地区农耕文化之间的争夺冲突，秦始皇统一六国后，中原农耕文化才基本上统一。第二个一千年矛盾，是中原农耕文化和西北草原文化之间的冲突。第三个千年是中原农耕文化和东北森林文化之间的冲突，最后的结果是三种文化大融合。

这三千年里，海洋文化始终没有占到主体地位，我个人认为，下一个千年中国发展重点应该是海洋文化，进一步发展和融合，这是中国的前途和发展走向。这三个千年、三种文化的冲突都带来了文化的新变局。文化冲突会付出很大的代价，但是也换来了文化的融合发展，没有冲突和代价，也不会有后来1300多万平方公里土地，所以我想展望未来一千年，中华文化肯定会有一个大的发展。

何亚非

曾任中国常驻联合国代表团参赞，外交部军控司副司长，驻美国使馆公使衔参赞、公使，外交部美大司司长，外交部部长助理，外交部副部长，中国常驻联合国日内瓦办事处和瑞士其他国际组织代表、大使，国务院侨务办公室副主任。

"一带一路"倡议与全球治理

何亚非

"一带一路"倡议与全球治理是相辅相成的关系。20世纪50年代,新一轮的全球化开始,全球化的本意就是生产要素、技术、劳动力、人员等在全球范围流动起来,形成一个全球统一的市场。中国在改革开放初期加入了全球化的浪潮,我们坚持走改革开放的发展道路,取得了惊人的、举世瞩目的成就,所以现在作为一名中国人,大家都很自豪,无论走到哪里,都可以腰杆很直地说:"我是中国人。"我在1980年第一次到联合国总部工作时,国外的中国人很少,你如果能看到一个中国人就非常亲切,别人看到你都会问:是日本人?是韩国人?他不会想到你是中国人。但现在的情况完全不一样了。

一、全球化的变与不变

这几年，全球化出现了一些问题，确实给我们提出了很大的挑战，许多人在质疑全球化还能不能继续下去。其实中国已经给出了一些答案。我们先来分析全球化的变化和不变。

首先是三个不变。第一个不变是历史不会终结，历史的发展不是一条直线，永远会有曲折，会有反复，但总体潮流是往前走的。那么现在看来，这个世界的多元化还在发展，经济全球化也在继续发展，这就是第一个不变。

第二个不变，近几十年来，国际力量的格局朝着一个更有利于发展中国家的方向在变化，这表现在中国和中国所代表的发展中国家整体性的崛起和发展。西方国家的 GDP（国内生产总值）加起来还没有发展中国家的 GDP 加起来多。中国每年对全球 GDP 的贡献超过 30%，也就是如果全球 GDP 增长 3%，其中 1% 是我们中国的贡献，这个趋势也不会变，全球治理也因此有所转变。以前如果金融出现问题，或者国际经济出现石油危机等，都由七国集团（G7）来解决，他们是 7 个以美国为首的发达国家，中国没有发言权，那么现在全球治理，就变成东西方国家共同治理，西方国家必须听取东方国家的意见，发展中国家的声音也越来越大。中国的发言权和决策权也越来越大，中国很可能是第一个成功实现引领全球化和全球治理的东方国家和发展中国家。这是第二个不变，中国的发展势不可当。

第三个不变，就是一系列向前发展形成的国际性制度、规则、机构还存在，主要是以联合国为核心的国际体系，有国际货币基金组织（IMF）、世界银行、世界贸易组织（WTO）、世界卫生组织（WHO）等。这些组织和规则还会继续存在，当然可能会做一些现阶段的调整，但不会消失。

改革开放初期，邓小平同志对国际形势有个判断，就是世界范围的战争不可能再发生，所以我们可以集中精力搞经济建设，这个判断启动了中国改革开放的进程。现在我们也可以说，这个战略机遇期继续存在，世界大战还是打不起来，当然局部冲突战争是难以避免的。

那么有哪三点变化呢？第一个变化来自美国和西方，美国是全球治理的主导大国，世界上使用的主要是美元，虽然人民币的发展也很快，但是直接间接使用美元的人口都在60%以上。在全球化初期，美国人说，全球化就是美国化，随着全球化的发展，所惠及的国家越来越多，开始偏离了美国化的轨道，发展中国家的力量上来了，美国人觉得虽然他们也获利了，但是其他国家的获利比他们多，所以他们要改变国际经济规则。当然这个变化不限于美国，现在欧洲的变化也比较大，英国已经脱离欧盟组织，法国总统的选举也是右派的政党力量在上升。在其他国家，丹麦、匈牙利、波兰、奥地利等，反映民粹主义思想的右派政党在政治舞台上都在发挥作用，他们的选票越来越多，这很能反映问题。

第二个变化，全球治理指导思想的变化。为什么讲指导思

何亚非在扬州讲坛开讲

想有变化呢？以前的指导思想是新自由主义，他们倡导彻底的私有化、市场化、资本化，不受政府的控制，可是这个思想后来遭遇了严重的失败。凡是发展中国家采纳了这个思想，放开资本市场，把国有企业私有化，完全实行开放的市场，政府没有一点限制，都遭受了经济上的严重挫败，几乎没有例外。而美国在 2008 年，也因为放松金融监管，遭遇了历史上空前的金融危机。

第三个变化，变化最大的元素就是中国。中国作为有 13 亿人口的发展中国家，一直走社会主义道路也走市场经济道路的国家，能够在短短几十年，通过自身的努力，通过全球化，实现经济腾飞，成为世界第二大经济体，这是一个经济奇迹的发生，是全球化里面最大的变量，第一次有一个非西方国家可能会成为世界第一大经济体。中国要在 2020 年全面建成小康社会，人均 GDP 2020 年要在 2010 年的基础上翻一番，这是什么概念呢？2020 年人均 GDP 可能会超过 12000 美元，就是到了 2020 年，中国就进入了世界高收入类别的国家了。过去 30 年，中国实现了 7 亿多人的脱贫。2020 年，我们将消灭贫困人口。没有一个国家能够做到这一点。当然我们的变化还在于中国的发展道路和发展模式，用来保障这些道路和模式的政治体制和制度确实有优越性，很多国家想到中国来学习为什么中国能够实现这样的奇迹。

二、中国参与全球治理的经历

习近平总书记在世界舞台上不断发出中国强音，这实际上就是讲中国跟世界的关系，我来讲几个时间节点：第一个时间节点是 2003 年，八国集团峰会在法国召开。这次峰会第一次邀请发展中的五个国家的领导人来与发达国家对话，中国、巴西、印度、南非、墨西哥，当然这五个发展中国家都很高兴。这是发展中国家，包括中国第一次正式地参与了全球治理经济方面的政策的协调，但是很不平等，我们只提供意见，并没有决策权。第二个时间节点是 2008 年，发生全球金融危机，发达国家

扬州讲坛

的 GDP 在下降，再让七国集团来组织协调应对金融危机不太可能，世界经济的治理离不开中国和其他发展中国家，于是他们想到了二十国集团（G20）。二十国集团其实是亚洲金融危机时成立的一个部长级的论坛，它的组成是发达国家跟发展中国家各占一半，但是针对这次金融危机，部长级别显然不够，于是上升到元首级别。2008 年、2009 年召开的三次峰会我都参加了。第一次是 2008 年 11 月在美国华盛顿召开，这一次主要是凝聚各国的信心要把市场稳定下来，当时全球市场一片震荡，大国们都齐心协力地说采取财政刺激措施，一下子给市场注入了很多流动性，对世界经济是一针强心剂。但这次稳定时间并不长，情况继续恶化，美国股市还在下跌。2009 年 4 月，英国召开了第二次峰会，这次峰会的任务很艰巨，当时很多国家面临破产，这种情况是很严重的，会导致整个世界金融体系被拖垮。第二次峰会的任务就是要扩大救助基金，目标是增加 5000 亿美元。但是当时没有国家愿意出钱，英国只好求助于中国了，希望中国发挥带头作用，当时中国人对于全球化有一个认识过程，认为我们辛辛苦苦挣来的钱，为什么要救发达国家？如果我们把这些钱放出去还能收回来吗？

经过这几年，我们也认识到中国已经跟世界其他国家形成了一个利益共同体，你要出口到其他国家，如果这个国家不行了，你的国债都变成废纸了。于是当时中国承诺出资不超过总量的 10%，也就是 500 亿美元，中国确实起到了带头作用，中国决定出资，其他国家都跟上，最后的承诺金额达到 11000 亿美元，这时候的中国已经在参与全球治理中发挥了关键性作用。

2009 年第二次峰会在美国匹兹堡召开，这次会议解决了一个重大的问题，就是对全球治理体系的两方面调整。第一，实质推动国际金融体系改革，增加新兴市场和发展中国家的发言权和代表权。第二，处理全球经济事务的时候，要东西方共同商量。

2016 年杭州峰会，我们取得了 39 项成果，我举 1 项成果来说明这次峰会的重要：我们把发展问题正式列入议程。之前的西方国家不愿意讲发展问题，因为涉及了一大批不发达国家，2016 年杭州峰会正式列入，说明我们已经认识到了世界发展不平衡的根源所在。

三、中国对全球治理的贡献

中国对全球治理的贡献，我想归纳成三个层面。最高的层面是人类共同体的建设，就是我们提出了一个全人类共同发展，向同一个方向迈进的思路。过去我们总是把人类社会人为地分割成各式各样的阵营，你是西方发达国家，我是发展中国家，你是资本主义的国家，我是社会主义的国家。2017 年年初，习近平总书记到瑞士达沃斯参加世界经济论坛，他提出的一个思想叫作建设人类命运共同体。这是一个非常伟大的创举，是解决全球治理所有难题的一个宏大的规划和倡导，就是呼吁各国要抛弃各种的障碍和偏见，我们都是同一个人类，我们都生活在同一个地球上，我们的命运是连在一起的。

第二个层面是一个全球主义的思想，我也称之为全球公民意识。我们生活在一个全球化的时代，我们都是全球公民，那么对全球主义，中国的具体做法是什么呢？建立中国全球伙伴关系的网络。无论中国领导人出访也好，其他国家领导人来华也好，我们都添加一个战略伙伴合作关系，全面合作面向 21 世纪。扬州主办的世界运河历史文化城市合作组织就是一种全球合作伙伴关系，现在与我们签署了战略伙伴关系的已经超过 90 多个国家，联合国会员国共 193 个，已经接近一半，而且还在不断地发展。看来中国这个理念对全球治理是得人心的，因为这个合作理念是以互利、共赢、开放、包容为基础的。中国为了解决所面临的全球治理上的困难而提出"一带一路"，它是一个跨领域、跨意识形态，甚至跨区域的综合性的国家与国家之间、民主跟民主之间、文明跟文明之间合作的思想。

第三个层面就是和平发展。中国坚持走和平发展的道路，和平发展是全球治理很重要的思想，中国对全球治理已经形成了一套源于中华文明的核心价值观的思想，而且这些思想已经在中国的外交上得到体现，也得到了西方国家的一些了解，甚至理解。

四、"一带一路"倡议

关于"一带一路"我要讲两点：第一，"一带一路"所体现的重要的战略意义；第二，"一带一路"的核心要素。

我觉得"一带一路"体现了四个观念：首先体现了中国新的大国观念，中国要从一个全球性的大国走向强国，这条路怎么走？我们要走新的道路，我们不搞侵略、不搞殖民、不搞掠夺，我们要走共同发展共同富裕的道路。第二，新的发展观念，现在是全球化时代，各国的利益紧密地联系在一起，没有一个国家可以独善其身。国与国之间的发展是相互关联的，所以我们提倡新的发展观念就是说要共同发展，相互帮助，不搞你死我活，不搞你输我赢。第三，体现了中国的新的合作观念，之前中国对外开放，主要针对是西方国家，我们需要西方国家的资金，需要他们的技术，我们融入全球化，所以我们更多地向西方国家开放。现在中央提出来要构建新的开放格局，很大程度上是要全面开放，而且特别强调跟发展中国家的相互开放。"一带一路"所涉及的国家，大部分都是发展中国家，这是新的国际合作。最后一个观念，体现了中国的新的世界秩序观，过去的世界秩序由某一个超级大国说了算，现在我们提倡世界的事情要大家商量着办，不能由一两个国家说了算。我们提出国际秩序要重新塑造，就是要体现国际关系的民主化，其中最重要的就是让发展中国家有更多的发言权，体现大小国家一律平等。

我给大家举个例子，我之前在外交部美大司工作的时候，美大地区其实还包括大洋洲，大洋洲的南太平洋有很多小的岛国。岛国小到什么程度呢？有的国家只有几千人，最多也不超过十万人。但是这些国家的领导人到中国来访问，我们同样在天安门广场，同样是 21 声礼炮。这就是中国的平等对待，国家无论大小，都是国际社会的平等者。

　　"一带一路"包含了五个核心要素：政策沟通、设施联通、贸易畅通、资金融通、民心相通。我觉得这五点是相辅相成，不能分割的，我们要深刻地理解习近平总书记提出来的"一带一路"这五个要素的相互关系。

　　首先是政治沟通，这个体现了你能够站在对方的立场来考虑，两国合作，既要考虑中国的发展战略，也要考虑对方的发展战略，要找到发展战略的结合点。2015 年博鳌亚洲论坛，习近平总书记在会上做了一个主旨发言，其中最重要的一个倡议是倡议亚洲国家进行文明对话，佛教、伊斯兰教、基督教，各国情况完全不同，如果没有文明的对话，"一带一路"很难落地。

　　第二个要素是设施联通，这点很容易理解，中国基础设施建起来了，中国有技术，也有资金，愿意帮助其他发展中国家建设基础设施，因为基础设施是经济的命脉。

　　第三个要素是贸易畅通，第四个要素是资金融通，发展经济贸易，贸易多了，货币自然也流通了。

　　最后是民心相通，我觉得民心相通其实是非常重要的。作为中国，一个发展中国家，一个社会主义国家，你的资本应该有别于过去西方国家的资本。当地的环保标准，当地老百姓的疾苦，当地的宗教习俗，你都要慎重地考虑，如果没有民心，你不会成功。

星云大师谈当代问题系列

《星云大师谈当代问题❶：心宽天地宽》

《星云大师谈当代问题❷：心净国土净》

族群伦理探讨

第一讲　佛教对族群问题的看法

第二讲　佛教对宗教之间的看法

第三讲　佛教对人生命运的看法

第四讲　佛教对家庭问题的看法

第五讲　佛教对青少年教育的看法

第六讲　佛教对应用管理的看法

第七讲　佛教对杀生问题的看法

第八讲　佛教对生命教育的看法

《星云大师谈当代问题❸：心安诸事安》

生死关怀探讨

第一讲　佛教对安乐死的看法

第二讲　佛教对临终关怀的看法

第三讲　佛教对身心疾病的看法

第四讲　佛教对宇宙人生的看法

第五讲　佛教对修行问题的看法

第六讲　佛教对丧葬习俗的看法

第七讲　佛教对民间信仰的看法

第八讲　佛教对素食问题的看法

扬州讲坛系列

《历史十讲：走进王朝深处》

《国学十讲：追溯中国人精神之源》

马瑞芳　蒲松龄与《聊斋志异》

乔　良　新解三十六计

孙立群　中国古代士人的精神与生活

于　丹　阅读经典感悟成长

康　震　唐诗的永恒魅力

余光中　诗与音乐

崔永元　口述历史的文化魅力

沈伯俊　《三国演义》的精髓在道义而非谋略

翁思再　京剧艺术有三大美

蒙　曼　传统文化和中国人的修养

《人生十二讲：欢喜心过生活》

星云大师　享用财富比拥有财富更好

郑石岩　禅，优质的生活智慧

林清玄　欢喜心过生活

张晓风　人生别"贪杯"——"无限续杯"和"有限一杯"

慧宽法师　情绪管理开创智慧人生

毕淑敏　了解自己，把握人生幸福

余秋雨　仰望精神信仰这座高塔

于　丹　以读书养成从容心态

颜炳罡　以德服人是王道

刘　丰　科学与心灵的对话

戴忠仁　成功者的特质

黄　菡　幸福从心开始